BEI GRIN MACHT SICH Iᴴᴿ
WISSEN BEZAHLT

- Wir veröffentlichen Ihre Hausarbeit,
  Bachelor- und Masterarbeit

- Ihr eigenes eBook und Buch -
  weltweit in allen wichtigen Shops

- Verdienen Sie an jedem Verkauf

Jetzt bei www.GRIN.com hochladen
und kostenlos publizieren

Michael Weberschläger

Maßnahmen und Erfolgsfaktoren für die Einführung von Proximity Mobile Payment an europäischen POS

GRIN Verlag

Bibliografische Information der Deutschen Nationalbibliothek:

Die Deutsche Bibliothek verzeichnet diese Publikation in der Deutschen National-
bibliografie; detaillierte bibliografische Daten sind im Internet über http://dnb.d-
nb.de/ abrufbar.

Impressum:

Copyright © 2013 GRIN Verlag GmbH
Druck und Bindung: Books on Demand GmbH, Norderstedt Germany
ISBN: 978-3-656-45271-3

Dieses Buch bei GRIN:

http://www.grin.com/de/e-book/229914/massnahmen-und-erfolgsfaktoren-fuer-
die-einfuehrung-von-proximity-mobile

Maßnahmen und Erfolgsfaktoren für die Einführung von Proximity Mobile Payment an europäischen POS

erstellt am
Fachhochschul-Studiengang
Marketing und Electronic Business
FH OÖ, Standort Steyr

Bachelor-Arbeit II
zur Erlangung des akademischen Grades
Bachelor of Arts in Business (BA)
für wirtschaftswissenschaftliche Berufe

Eingereicht von
Michael Weberschläger

Steyr, am 14. Juni 2013

Danksagung

An dieser Stelle möchte ich mich gerne bei jenen Personen bedanken, die mich bei der Erstellung dieser Arbeit unterstützt haben.

Ein besonderer Dank gilt dabei dem Betreuer dieser Arbeit, der mit hilfreichen Anregungen und Feedback eine große Unterstützung war.

Abschließend möchte ich mich bei allen Vortragenden der FH Oberösterreich am Campus Steyr für die zahlreichen, interessanten und wertschöpfenden Vorträge, Vorlesungen und Präsentationen bedanken.

Inhaltsverzeichnis

ABBILDUNGSVERZEICHNIS

Tabellenverzeichnis

Abkürzungsverzeichnis / Glossar

3G	Third Generation of Mobile Telecommunications Technology
ACH	Automated Clearing House
API	Application Programming Interface
App	Application
B2B	Business to Business
B2C	Business to Consumer
C2C	Customer to Customer
CRM	Customer Relationship Management
EPC	European Payment Council
EMV	Europay International, MasterCard and Visa
GSM	Global System for Mobile Communications / Groupe Spécial Mobile
Kbit/s	Kilobit pro Sekunde
MC	MasterCard
MNO	Mobile Network Operator
MPOS	Mobile Point of Sale
MPSP	Mobile Payment Service Provider
NFC	Near Field Communication
OECD	Organisation for Economic Co-operation and Development
OEM	Original Equipment Manufacturer
PE-ACH	Pan European Automated Clearing House
PIN	Personal Identification Number
POS	Point of Sale
PMP	Proximity Mobile Payment
PSP	Payment Service Provider
QR	Quick Response
RFID	Radio Frequency Identification
SE	Secure Element
SEPA	Single Europe Payments Area
SMA	Stationary Merchant Automate
SMP	Stationary Merchant Person
SMS	Short Message Service
SVA	Stored Value Account
TSM	Trusted Service Manager
TTP	Trusted Third Party
USA	United States of America
UX	User Experience
XML	Extensible Markup Language

Kurzfassung

Mobile Commerce hat sich in den letzten Jahren zu einer festen und erfolgreichen Komponente des E-Commerces entwickelt. Die damit verbundene Teilmenge des Mobile Payments wurde dabei zu einer Schlüsselanwendung für den Erfolg der gesamten Mobile Commerce Branche. Seit geraumer Zeit wird nun versucht, Mobile Payment auch im Offline-Handel zu etablieren. Während sich in den USA und in Teilen Asiens diese Form der Bezahlung, Proximity Mobile Payment genannt, langsam etabliert, blieb der Erfolg im europäischen Raum bisher gänzlich aus. Probleme bei der Umsetzung von Geschäftsmodellen und fehlendes Vertrauen seitens der Verbraucher in die Sicherheit der eingesetzten Technologien, ließen die Anbieter bisher scheitern. Einzelne Insellösungen und Pilotprojekte waren zwar teilweise erfolgreich, doch eine kritische Masse blieb bis dato unerreicht. Es gilt nun herauszufinden welche Geschäftsmodelle, Technologien und Erfolgsfaktoren nötig sind, um am europäischen Markt Proximity Mobile Payment erfolgreich einzuführen.

In dieser wissenschaftlichen Arbeit wird anfangs das gesamte Mobile Payment Ökosystem beleuchtet. Hier werden einzelne Marktteilnehmer und Elemente beschrieben und in Verbindung zueinander gesetzt. Dies dient dazu, den Bereich des Proximity Mobile Payments klar einordnen und abgrenzen zu können. Im Folgenden wird der Prozess des Proximity Mobile Payments dargestellt und erläutert, gefolgt von den eingesetzten Technologien und Geschäftsmodellen in diesem Bereich. Nach dem Abschluss des Theorieteils werden die Anforderungen an eine Proximity Mobile Payment Lösung definiert. Dies umfasst neben allgemeinen Anforderungen, ebenso einen Überblick über den europäischen Markt und der detaillierten Aufbereitung der Kundenanforderungen. Die daraus gewonnenen Erkenntnisse dienen als Basis für die Analyse der Geschäftsmodelle und Technologien, sowie deren Eignung die Anforderungen zu erfüllen. Anhand der erarbeiteten Fakten, werden abschließend Erfolgsfaktoren und Maßnahmen für die Einführung von Proximity Mobile Payment aufgeschlüsselt und daraufhin potentielle Anbieter am europäischen Markt vorgestellt.

Das Ergebnis der Arbeit zeigt, dass nur zwei der vier Geschäftsmodelle das Potential haben, sich am europäischen Markt durchzusetzen. Ein ähnliches Bild ergab die Analyse der Technologien, hier erfüllt nur eine Technologie die Anforderungen der Marktteilnehmer. Gleichzeitig ergab die Erarbeitung der Erfolgsfaktoren, dass die kritischen Masse als essentiell gilt, um sich erfolgreich am Markt zu positionieren. Voraussetzungen für das Erreichen einer kritischen Masse sind hier neben Vertrauen und Akzeptanz seitens der Kunden, ebenso produktbezogene Erfolgsfaktoren, wie Datenschutz, Sicherheit, Zusatznutzen und Usability.

Die abschließend vorgestellten Anbieter erfüllen einige der Grundvoraussetzung für die Einführung eines neuen Zahlungssystems. Wichtige Erfolgsfaktoren, wie Kundenvertrauen, eine gewisse Marktmacht, oder die nötige Infrastruktur, bieten ihnen einen erheblichen Wettbewerbsvorteil zum Mitbewerb. Dennoch zeigt sich, dass auch diese Anbieter noch weit davon entfernt sind, eine kritische Masse an Nutzern zu erreichen. Es wird sich somit erst in naher Zukunft zeigen, welcher Anbieter die richtigen Maßnahmen setzt, um sich am europäischen Markt durchzusetzen.

Executive Summary

In recent years, mobile commerce has evolved into a solid and successful part of e-commerce. Mobile Payment is key to success of mobile commerce. That's the reason why the trend is now targeting offline point of sale transactions. This approach, called proximity mobile payment, has become more established in the United States and in parts of Asia, however, has lacked success in Europe. Due to problems with the implementation of business models and lack of consumer confidence in the safety of the technologies used, the providers are likely to fail. Third party applications and pilot projects have been partially successful, but a critical mass remained unmatched up to this point. It is important to figure out which business models, technologies and success factors are needed to successfully launch a proximity mobile payment solution within the European market.

This paper will describe the entire mobile payments ecosystem. Individual market participants and elements will be highlighted and related to each other in order to classify the field of proximity mobile payment. Additionally, it will explore the process, technologies and business models and the requirements of a proximity mobile payment solution will be defined. This includes general requirements, an overview of the European market and a detailed perspective of the customer's needs. The findings will be the basis for further analysis of the business models and technologies, as well as, their ability to fulfill the requirements. This research will demonstrate the success factors and required measures for the launch of proximity mobile payment and furthermore, will lead to recommendations of potential service providers on the European market.

The result of this bachelor thesis shows that only two of four business models have the potential to succeed on the European market. A similar picture emerges from the analysis of the technologies; only one of them meets the market conditions. Beside these elements, the evaluation of the success factors illustrate that the achievement of a critical mass is essential to success within the mobile payment market. Therefore, the most important preconditions are customer acceptance and trust, as well as, product-related elements, such as privacy, security, added value, usability and convenience.

The recommended service providers fulfill some of the basic preconditions for the launch of this new payment system. Factors such as consumer confidence, a certain level of market power, or an already existing payment-infrastructure offer them a significant advantage to their competitors. Nevertheless, these providers are still far from reaching a critical mass of consumers. Soon, it will be evident which provider will make the right moves to create a significant impact on the European market.

1 Einleitung

Seit Beginn dieses Jahrtausends wächst der Markt des Mobile Commerce stetig. Die Gründe dieser Tatsache sind die gegenwärtig enorm steigende Anzahl an Smartphones und deren Weiterentwicklungen, sowie der technologische Fortschnitt der mobilen Datenverbindungen in puncto Schnelligkeit und Verfügbarkeit.[1]

Mit dem Mobile Commerce wächst demnach auch der Markt der mobilen Bezahlung, Mobile Payment genannt. Dieses ermöglicht eine schnelle, sichere und effiziente Abwicklung von Bezahlvorgängen mittels mobiler Endgeräte, unter der Voraussetzung einer bestehenden Datenverbindung.[2] Das mobile Bezahlen beschränkt sich aber nicht nur auf den Bereich des Mobile Commerces, sondern findet ebenso ihren Einsatz in beinahe allen Offline-Bezahlvorgängen eines Konsumenten. Ob an stationären Point of Sales (POS) wie in Supermärkten oder in Elektronikgeschäften, kann Mobile Payment auch in öffentlichen Verkehrsmitteln oder in Verbindung mit Automaten (Parkschein-, Ticketautomat) genutzt werden. Diese genannten Möglichkeiten des Mobile Payments im Offline-Handel werden als Proximity Mobile Payment bezeichnet und setzten eine persönliche Anwesenheit des Nutzers am Point of Sale voraus.

Proximity Mobile Payment ist der am stärksten wachsende Bereich im Mobile Payment. Forrester Research geht davon aus, dass in den USA der Anteil bis 2017 von 4% auf 45% steigt und somit eine Substitution von Bargeld-, sowie Kreditkartenbezahlungen hervorruft.[3] Generell wird daher für den stationären Handel angenommen, dass Mobile Payment schon jetzt als die Weiterentwicklung des kartenbasierenden Zahlungsverkehrs gilt.[4]

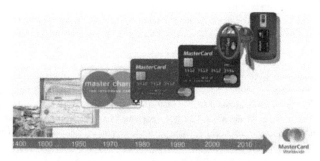

Abbildung 1: Die Evolution der Bezahlmethoden [5]

---

[1] Vgl. Turowski et al., 2004, S.57ff
[2] Vgl. Meier et al., 2008, S. 219
[3] Quelle: Forrester Research, 2013
[4] Vgl. Steinbeis-Research, 2012
[5] Quelle: MasterCard Worldwide, 2010

Hinzu kommt, dass das Mobiltelefon gegenwärtig als das am weitesten verbreitete und persönlichste elektronischer Gerät gilt. Laut einer Cisco Studie, übersteigt die Anzahl der am Markt vertretenen mobilen Endgeräte die Anzahl der Weltbevölkerung bereits Ende 2013, 2017 sollen es sogar über 10 Milliarden Geräte sein.[6]

Diese Zahlen und Fakten rütteln aber nicht nur Finanzinstitute auf, sondern finden ebenso großes Interesse seitens der Mobilfunkbetreiber, Technologieunternehmen und Onlinebezahldienste. Diese wollen ebenso das unglaubliche Marktpotential für sich nutzen und versuchen, sich mit ihren eigenen Services am Markt zu etablieren.[7] Speziell im Bereich der Mobilfunkbetreiber zeichnet sich hier ein Paradigmenwechsel ab, da sie bei der Bereitstellung von Bezahlservices klar von ihrer Kernkompetenz abweichen. Steinbeis Research glaubt, dass im Jahr 2020 der europaweite Umsatz des Mobile Payments auf knapp 1.800 Mrd. Euro steigen wird.

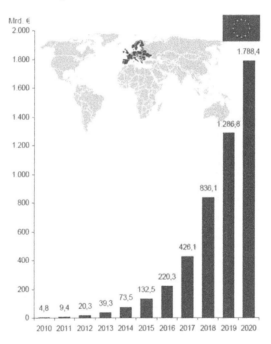

Abbildung 2: Marktpotential von Mobile Payment [8*]

---

[6] Vgl. Cisco Studie, 2012
[7] Vgl. OECD, 2011, S.174
[8] Quelle: Steinbeis-Research, 2012
* Betrifft Proximity- und Remote Payments kumuliert in allen 42 europäischen Staaten

Dennoch gestaltet es sich als schwierig hier im Voraus einen klaren Erfolg für Mobile Proximity Payment zu garantieren, denn diese Bezahllösungen erfordern neben dem Aufbau eines Business-Ökosystems, vorrangig innovative Konzepte bei der Markteinführung, dem Einsatz und der Nutzung dieser Services. Dies wiederum erfordert strategische und unternehmerische Änderungen auf Seiten der Anbieter.[9]

Die Nutzung des Proximity Mobile Payment bietet auf Kunden- als auch auf Händlerseite klare Vorteile: Schnellere Durchlaufzeiten an den Kassen, steigende Convenience, Nutzung von Zusatzangeboten oder der präzise und effektive Einsatz von Marketingaktivitäten. Trotz dieser Faktoren warten zahlreiche Anbieter mit ihren Konzepten und Lösungen auf den Durchbruch. Fehlende Akzeptanz der Kunden, eine zu geringe Verbreitung der Services und allgemeine Unsicherheit bezogen auf Datenschutz und Sicherheit sind nur wenige der Gründe, warum Erfolge bisher ausblieben.[10] [11]

Es gilt somit herauszufinden, welche Faktoren und Marktbedingungen beachtet werden müssen, um eine Proximity Mobile Payment Lösung durch gezielte Maßnahmen in Europa marktreif zu machen. Schafft es Mobile Payment sich im Offline-Sektor erfolgreich zu etablieren, wird dies die herkömmliche Art der Bezahlung künftig revolutionieren.

1.1 Problemstellung

Mobile Payment prägt seit Anfang dieses Jahrtausends mehr und mehr die Welt der elektronischen Zahlvorgänge. Zahlreiche Varianten und Einsatzmöglichkeiten ließen die Erwartungen in die neue Bezahlform steigen, der große Erfolg blieb aber bis dato aus. Im Jahr 2012 wurden über 1,75 Milliarden Mobiltelefone verkauft, 70% davon waren Smart-Devices und dennoch werden derzeit lediglich 18% der E-Payment Bezahlungen mittels Mobile Payment abgewickelt.[12] [13] Dies mag zum einen an der vermehrten Bezahlung im Micro-Payment Bereich (< 5,00 €) liegen, zum anderen liegt dies aber an fehlenden und unausgereiften Geschäftsmodellen und der noch sehr geringe Reichweite bei Präsenzgeschäften. Hinzu kommt, dass lediglich 15% der Europäer Kenntnis davon haben, mit einem Smartphone an POS bezahlen zu können.[14]

Dies soll sich aber in den nächsten Jahren ändern. Konkret wird von eMarketer Research das Jahr 2016 genannt, bis dahin sollen rund 26% der Smartphone-Nutzer die Möglichkei-

---

[9] Vgl. Lerner, 2013, S.2
[10] Vgl. Steinbeis-Research, 2012
[11] Vgl. KPMG & ECC Studie, 2010
[12] Vgl. Gartner Studie, 2012
[13] Vgl. Cisco Studie, 2011
[14] Vgl. Steinbeis-Research, 2012

ten des Proximity Mobile Payments nutzen.[15] Zahlreiche Unternehmen versuchen daher sich mit neuen Technologien und Modellen am Markt zu etablieren. Die Geschäftsmodelle der Service Provider müssen das Vertrauen der Kunden gewinnen und ihnen einen klaren Mehrwert suggerieren. Gleichzeitig müssen Payment Service Provider sicherstellen, dass auch die Betreiber der POS einen klaren Mehrwert aus der Bezahlform schöpfen, seien dies schnellere Durchlaufzeiten an Kassen, geringere Gebühren, oder die effiziente Nutzung von Marketingaktivitäten.[16]

Die für Mobile Payment notwendige Infrastruktur an POS muss möglichst flächendeckend verfügbar sein, denn oft scheint die Tragweite der beschränkten Reichweite nicht von Anfang an sichtbar zu sein. Nutzen beispielsweise 20% der Kunden ein Bezahlsystem, welches wiederum nur 20% der POS unterstützen, kommt es lediglich in 4% der Fälle zu einer tatsächlichen Zahlungsabwicklung.[17]

In den USA und in Teilen Asiens sind schon zahlreiche Proximity Mobile Payment Lösungen im Einsatz, langsam rückt auch der europäische Markt in den Fokus der Anbieter. Unternehmen wie MasterCard, VISA, PayPal, Vodafone und T-Mobile testeten schon im kleineren Rahmen einige ihrer Lösungen.[18] Ob, beziehungsweise welche dieser Geschäftsmodelle sich erfolgreich am Markt durchsetzen und am europäischen Markt den Durchbruch schaffen, ist jedoch noch unklar. Dies stellt die Payment Service Provider folglich vor die Herausforderung die richtigen Erfolgsfaktoren für das jeweilige Einsatzgebiet zu erkennen und dahingehend die richtigen Maßnahmen zu setzen.

1.2 Zielsetzung

Im Zuge dieser Arbeit werden Definitionen rund um Mobile Payment korrekt zusammengetragen und klar von benachbarten Gebieten, wie Mobile Commerce und E-Payment abgegrenzt. Für diese Abgrenzung besteht daher die Notwendigkeit, die einzelnen Komponenten und Faktoren eines Mobile Payment Ökosystems zu beschreiben und aufzubereiten. So gestaltet sich die Einordnung des Proximity Mobile Payments vielfach transparenter. Um nachfolgend einige Erfolgsfaktoren zu ermitteln, werden in dieser Arbeit Marktgegebenheiten, Technologien, Geschäftsmodelle und Kundenanforderungen definiert und analysiert.

Durch dieses ganzheitliche Bild sollen Schwächen und Stärken der einzelnen Ansätze erkannt und aufbereitet werden. Es wird somit dargestellt, auf Basis welcher Geschäfts-

---

[15] Vgl. eMarketer Studie, 2012
[16] Vgl. BITKOM, 2013
[17] Vgl. Steinbeis-Research, 2012
[18] Vgl. Forrester Research, 2013

modelle und Technologien die Akzeptanzkriterien der Konsumenten erfüllt werden können.

Das Ergebnis wird schlussendlich in Form von Erfolgsfaktoren und Maßnahmen dargestellt, die den Einstieg einer Proximity Mobile Payment Lösung am europäischen Markt erleichtern sollen.

1.3 Forschungsfragen

i. Mobile Payment
    a. Was ist Mobile Payment?
    b. Welche Elemente umfasst das Mobile Payment Ökosystem?
    c. Wie definiert sich der Mobile Payment Prozess?

ii. Faktoren im Proximity Mobile Payment
    a. Wie grenzt sich PMP vom klassischen MP ab?
    b. Welche Geschäftsmodelle und Technologien gibt es im PMP?
    c. Welche Anforderungen lassen sich für PMP definieren?
    d. Welche Erfolgsfaktoren lassen sich für PMP ableiten?

iii. Welche Erfolgsfaktoren und Maßnahmen können für Payment Service Provider definiert werden, um Proximity Mobile Payment erfolgreich im europäischen Raum zu etablieren?

1.4 Aufbau und Struktur

Zu Anfang werden im Kapitel 2 die Begrifflichkeiten rund um Mobile Payment näher gebracht. Dies umfasst einzelne Definitionen sowie die Darstellung des gesamten Mobile Payment-Ökosystems, mit dessen Elementen und Marktteilnehmern. Ebenso erfolgt eine Einordnung des Mobile Payments im Mobile Commerce. Schlussendlich wird am Ende dieses Kapitels eine klare Abgrenzung des Proximity Mobile Payments möglich sein.

Aufbauend auf den im vorherigen Kapitel definierten Elementen, wird im Kapitel 3 der Bereich des Proximity Mobile Payment näher beleuchtet. Dies umfasst die grafische und textuelle Darstellung eines Proximity Mobile Payment Prozesses. Die im Prozess verwendeten Technologien und deren Einsatzgebiete, sowie Vor- und Nachteile dieser, werden anschließend behandelt. Nach der Beschreibung aller Elemente, werden am Ende des Kapitels, vier potentielle Geschäftsmodelle vorgestellt.

Im Kapitel 4 werden nun die Anforderungen an eine Proximity Mobile Payment Lösung behandelt. Dies umfasst die Analyse der Diffusionskurve eines Mobile Payment Systems, gefolgt von den Marktgegebenheiten und den Kundenanforderungen an das neue Bezahlsystem. Dazu werden Studien von KPMG, ECC, Aité & ACI, Steinbeis Research und der Universität Augsburg herangezogen. Anschließend werden anhand dieser Anforderungen, die im Kapitel 3 beschriebenen Technologien und Geschäftsmodelle analysiert und am Ende tabellarisch verglichen. Schlussendlich soll das Ziel dieses Kapitels die Findung eines geeigneten Geschäftsmodelles und einer geeigneten Technologie sein. Ebenso sollen die Anforderungen und Analysen als Grundlage für die Definition und Beschreibung der Erfolgsfaktoren und Maßnahmen dienen.

Wie schon erwähnt, werden im 5. Kapitel die Erfolgsfaktoren und Maßnahmen für eine erfolgreiche Einführung von Proximity Mobile Payment Lösungen am europäischen Markt beschrieben. Als Grundlage werden dafür die Ergebnisse aus dem 4. Kapitel herangezogen und abschließend mit den von Joachim Henkel, im Jahr 2002 definierten Erfolgsfaktoren verglichen.[19]

Das Kapitel 6 beschäftigt sich mit der Zusammenführung der gewonnenen Erkenntnisse aus den vorherigen Kapiteln. Ein kurzes Fazit, sowie ein Ausblick in die nahe Zukunft, wie sich der Markt des Mobile Payments im Offline-Handel verändern könnte, schließen diese Arbeit ab.

---

[19] Vgl. Henkel, 2002, S.351

2 Mobile Payment

Wie zu Anfang angesprochen, befasst sich diese Arbeit mit dem Bereich des Proximity Mobile Payments (PMP). Dennoch werden in diesem Kapitel der gesamte Bereich des Mobile Payments und dessen einzelne Einsatzgebiete, Anwendungsbereiche und verwendete Technologien aufbereitet, um die klare Einordnung und Abgrenzung des Proximity Mobile Payments zu ermöglichen.

Mobile Payment hat sich gegenwärtig als eines der wichtigsten Trends bei Bezahlverfahren innerhalb und außerhalb des Mobile Commerces hervorgehoben. Aufbauend auf der Tatsache, dass Hersteller mobiler Endgeräte im 8-Monats Zyklus immer bessere Technologien und neue Innovationen bereitstellen und das Mobiletelefon ohnehin ein schon fast täglicher Begleiter wurde, entwickelt sich auch Mobile Payment langsam von der Online-Aktivität hin zur Offline-Aktivität. Die sehr hohe Verbreitung der Mobiltelefone und die Eigenschaft, das persönlichste elektronische Gerät einer Person zu sein, sind Grund genug für die Teilnehmer des Mobile Business, um verschiedenste Geschäftsmodelle in Richtung Mobile Payment zu entwickeln. Mehr als 45% der Weltbevölkerung hat bereits jetzt die Möglichkeit mobile Netzwerke zu nutzen und die Zahl steigt stetig an. Laut Gartner ist der Einsatzort von Mobile Payment beliebig, waren vor 3 Jahren noch ca. 73 Mio. User im Mobile Payment tätig, so sind es jetzt bereits über 212 Mio.[20] [21]

Als Mobile Payment bezeichnet man jene Art von Zahlungsvorgängen, bei der zumindest einer der Teilnehmer im Rahmen einer Zahlungsinitiierung, Zahlungsautorisierung oder Zahlungsrealisierung, mobile elektronische Kommunikationstechniken mittels mobilen Endgeräten einsetzt. In diesem Zusammenhang wird ebenso unterschieden, ob es sich dabei um ein Bezahlsystem, oder ein Bezahlverfahren handelt.[22]

Als mobile Endgeräte wiederum werden alle Endgeräte, die für den mobilen Einsatz konzipiert wurden, bezeichnet. Dies beinhaltet das gesamte Spektrum zwischen Mobiltelefonen und Tablet-PCs. Notebooks sind aus dieser Definition ausgeschlossen, da sie hinsichtlich einiger Parameter, wie Displaygröße oder Eingabemöglichkeit, dem stationären PC zu sehr ähneln.[23] Das Research-Unternehmen Gartner präzisiert die Definition des Mobile Payments noch weiter: Es wird nur von Mobile Payment gesprochen, wenn direkte Zahlungsinstrumente (Bankkonto, Kreditkarte), oder auf Guthaben basierende Zahlungsdienste (SVAs – Stored value accounts) im mobilen Transaktionsgeschehen involviert sind. WAP-Services, Telebanking und Abrechnungen über die Telefonrechnung, ohne

---

[20] Quelle: Gartner Newsroom, 2009
[21] Quelle: Gartner Newsroom, 2012a
[22] Vgl. Eisenmann et al., 2004, S.51
[23] Vgl. Heinemann, 2012, S.3

Integration eines Finanzinstitutes, sind aus der Definition ausgeschlossen.[24] Mobile Payment ist somit das Pendant zum im E-Commerce vertretenen Electronic Payment.

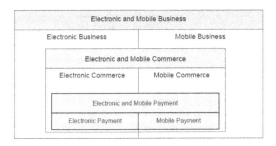

Abbildung 3: Mobile Payment im E- und M-Business [25]

Anhand dieser Grafik ist erkennbar, dass Mobile Payment eine Teilmenge des Mobile Commerce darstellt. Dies schließt sich aus der Erkenntnis, dass Mobile Payment zwar einen wichtigen Bestandteil von Mobile Commerce Lösungen ausmacht, aber ohne sie keinen wirtschaftlichen Zweck erfüllt. Anders gestaltet sich dies an stationären POS, denn hier wird die Mobile Payment Lösung zu einer eigenständigen Mobile Commerce Anwendungen, die vorrangig zum Ziel hat, Zahlungen schneller und unkomplizierter zu ermöglichen. Somit steht Proximity Mobile Payment nicht in Konkurrenz zu anderen Mobile Commerce Lösungen, sondern vielmehr wird hier mit anderen Bezahlsystemen konkurriert.[26] Obwohl also Proximity Mobile Payment grundsätzlich keine Auswirkungen auf Mobile Commerce Anwendungen hat, wird im Laufe dieser Arbeit dennoch erörtert, wie der Einsatz von Mobile Payment an Point of Sales langfristig den Bereich des Mobile Commerce beeinflussen kann.

2.1 Mobile Payment Framework

Um nun Proximity Mobile Payment anhand einiger Faktoren im Mobile Payment Ökosystem einzuordnen, besteht die Notwendigkeit, auf die einzelnen Elemente und Anwendungsbereiche des Mobile Payments einzugehen. Das Mobile Payment Ökosystem gliedert sich dabei in zwei Bereiche: In die Gruppe der Marktteilnehmer und in den Bereich der im Mobile Payment verwendeten Transaktionselemente. Diese werden anhand bestehender Modelle und Inhaltsdefinitionen als Mobile Payment Framework dargestellt und beschrieben.

---

[24] Quelle: Gartner, IT-Glossary
[25] Quelle: Kaymaz, 2011, S.21
[26] Vgl. Turowski et al., 2004, S.171ff

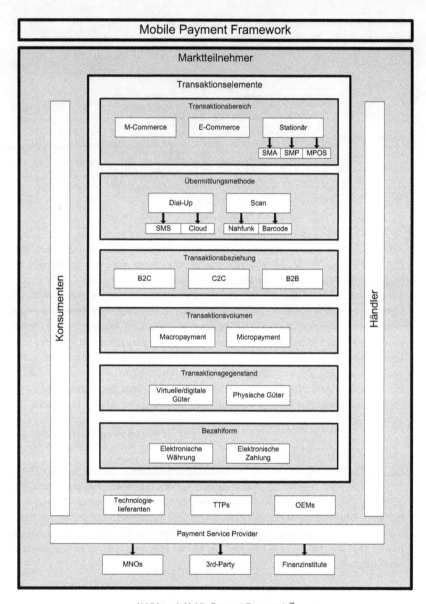

Abbildung 4: Mobile Payment Framework [27]

[27] Quelle: Eigene Darstellung, Inhalte von: Contius, 2002, S. 59 / Kaymaz, 2011, S.24ff / Kreimer, 2010, S. 4

2.2 Transaktionselemente

In einem Mobile Payment Ökosystem treten nicht nur Marktteilnehmer auf, sondern eben-so Transaktionselemente, die die Funktionsweise und den Technologieeinsatz rund um einen Transaktionsablauf definieren.

2.2.1 Transaktionsbereich

Das Hauptelement in der Kategorisierung einer Mobile Payment Lösung ist der Transakti-onsbereich, er definiert in welchem Umfeld eine Zahlung stattfindet. Da Mobile Payment nicht nur im klassischen Mobile Commerce, in Form von Distanzgeschäften, präsent ist, sondern ebenso im stationären Handel eine eigenständige Mobile Commerce Anwendung darstellt, wird vorerst zwischen Distanzgeschäft (Remote Payment) und Präsenzgeschäft (Proximity Payment) unterschieden.[28] [29]

- **Remote Payment** gliedert sich im Bereich des transaktionsorientierten Mobile Commerces ein, hier wird mittels eines mobilen Endgerätes eine Zahlung im Electronic- oder Mobile- Commerce Umfeld initiiert. Die involvierten Transaktions-partner sind dabei räumlich voneinander getrennt.[30]

- **Proximity Payment** definiert sich, wie bereits erwähnt, als eigenständige Mobile Commerce Anwendung. Bei dieser Art der Bezahlung muss der User persönlich während der Zahlungstransaktion anwesend sein. Im Proximity Payment unter-scheidet man zwischen:[31] [32]

  o Stationary Merchant Person (SMP)
     SMP ist eine B2C Transaktion in Verbindung mit einer natürlichen Person. Diese Transaktion tritt in herkömmlichen Retailer-Stores, wie etwa in Elekt-ronikgeschäften, Supermärkten oder bei Einzelhändlern auf.

  o Stationary Merchant Automat (SMA)
     SMA ist eine B2C Transaktion in Verbindung mit einem Automaten. Hier kann beispielsweise an Automaten, oder in öffentlichen Verkehrsmitteln bezahlt werden.

---

[28] Vgl. Federal Reserve Bank of Boston, 2007
[29] Vgl. Pousttchi et al., 2005, S.363
[30] Vgl. BITKOM, 2013
[31] Vgl. Pousttchi et al., 2003a, S.57
[32] Vgl. Chambers, Senior Director PayPal Mobile, 2011

    o Mobile Point of Sale (MPOS):
Händler müssen sich nicht zwangsläufig an nur einem Standort befinden, deshalb können diverse mobile Endgeräte mit Zusatzanwendungen und/oder zusätzlicher Hardware ausgestattet werden, um Zahlungstransaktionen durchzuführen. Diese soft- oder hardwaretechnische Zusatzlösung macht in diesem Fall das mobile Endgerät selbst zu einem POS.[33]

2.2.2 Übermittlungsmethode

Im Remote Mobile Payment als auch im Proximity Mobile Payment werden verschiedene Technologien verwendet um Zahlungstransaktionen realisieren zu können. Dabei wird grundsätzlich zwischen zwei Methoden unterschieden:

- Dial-Up Payment
  Transaktionen die mittels Dial-Up Payment übermittelt werden, verwenden dabei das Mobilfunknetz oder ein in Reichweite befindliches W-LAN mit Internetanbindung, um die Daten zu übertragen. Dial-Up Payments können sowohl im Remote-, als auch im Proximity Bereich verwendet werden. Zumeist finden sie Anwendung bei sogenannten Cloud-basierenden Payment-Lösungen, ebenso existiert aber eine weitere populäre Form des Dial-Up Payments, das SMS-Payment. Diese Technologien werden im Kapitel 3.2 näher beschrieben.[34]

- Scan Payment
  Scan Payment Lösungen verwenden entweder Nahfunktechnologien oder Barcodes zur Informationsübermittlung. Wie der Name bereits vermuten lässt, wird für die Übermittlung der Transaktionsdaten der Einsatz einer entsprechenden Hardware benötigt. Durch die Verwendung von Barcode- und Nahfunktechnologie, kommen Scan-Payment Lösungen vorwiegend im Proximity Payment Bereich zum Einsatz.

      o Nahfunktechnologie:
  Spricht man im Proximity Mobile Payment von Nahfunktechnologie, ist in beinahe allen Fällen von der auf RFID basierenden Near Field Communication (NFC) Technologie die Rede.

      o Barcodes:
  Ähnlich wie beim Einsatz der NFC Technologie, ist hier meist der Quick Response Code (QRC) im Proximity Mobile Payment in Verwendung.

---

[33] Vgl. Innopay & Paypers Studie, 2013
[34] Vgl. Kreimer et al., 2010, S.5

Da im Proximity Mobile Payment alle angeführten Übermittlungsmethoden genutzt werden, erfolgt im Kapitel 3.2 eine umfangreiche Beschreibung dieser.

2.2.3 Transaktionsbeziehung

Die Transaktionsbeziehung legt fest, zwischen welchen Transaktionsteilnehmern eine Zahlung initiiert wird. Hier werden drei Varianten unterschieden:

- Business to Customer (B2C)
  Die klassische B2C Beziehung betrifft hier eine Transaktion zwischen Händler und Kunde, wobei einer der beiden Teilnehmer die Transaktion initiiert.

- Customer to Customer (C2C)
  Ebenso besteht die Möglichkeit im Mobile Payment, Zahlungen zwischen Privatpersonen zu tätigen. Diese Form der Transaktion definiert sich bereits als ein eigenständiges Bezahlsystem. Große Wichtigkeit wird diesem System in Entwicklungsländern und Ländern mit Emerging Markets zugeschrieben, da hier die Bankensysteme tendenziell weniger weit entwickelt sind als in Industrieländern. Im europäischen Raum ist diese Art der Transaktionsbeziehung, dank der hohen Dichte der Banken-Infrastruktur, zwar als Zusatzfunktion zu Mobile Payment Lösungen interessant, aber als primäres Geschäftsmodell nicht relevant.[35]

- Business to Business (B2B)
  Im Gegensatz zu den beiden anderen Transaktionsbeziehungen, sind mobile Bezahlungen im B2B Bereich eher eine Randerscheinung. Derzeit gibt es lediglich im US-amerikanischen Raum Anbieter, die hierzu Lösungen anbieten. Dabei können im Rahmen eines Unternehmens mehrere Konten verwaltet, Transaktionslimits gesetzt und mitarbeiterspezifische Profile erstellt werden.[36] [37]

2.2.4 Zahlungsgegenstand

Der Zahlungsgegenstand im Mobile Payment unterteilt sich in zwei Bereiche:

- Virtuelle und digitale Güter (Mobile Anwendungen, Musiktitel,..) und
- Physische Güter (bei stationären Händlern oder Automaten)

---

[35] Vgl. Büllinger et al., 2012, S.33ff
[36] Vgl. Cards International, 2011
[37] Vgl. globalVCard, 2013

2.2.5 Transaktionsvolumen

Ebenso wie im E-Payment, finden im Mobile Payment Klassifizierungen hinsichtlich des Kaufvolumens statt. Es wird dabei zwischen **Macro-Payment** und **Micro-Payment** unterschieden, je nach Definition bewegt sich die Grenze zwischen Micro- und Macro-Payment bei 5-10€. Weiters gilt es anzumerken, dass der untere Micro-Payment Bereich seine Anwendung hauptsächlich bei digitalen Inhalten und virtuellen Gütern findet. Von Macro Payment spricht man bei virtuellen Gütern ab 5-10€, sowie beim Einkauf von physischen Gütern. [38] [39] [40]

2.2.6 Bezahlform

Im Mobile Payment differenziert man zwischen zwei grundsätzliche Formen der Bezahlung:

- Elektronische Zahlung
  Von einer elektronischen Zahlung wird gesprochen, wenn bei einer Transaktion durch Bezahlverfahren oder Anwendungen, auf bestehende Zahlungsinstrumente, wie Bankkonto oder Kreditkartenkonto, zugegriffen wird. Dies ist die häufigste Art der Bezahlform im Mobile Payment.

- Elektronisches Geld / elektronische Währung
  Elektronisches Geld gilt als eigene Werteinheit, die auf einem Datenträger gespeichert ist. Diese virtuelle Währung symbolisiert einen definierten Gegenwert und erfordert natürlich zugehörige Akzeptanzstellen, die diese Bezahlform auch erlauben. [41] Das Online-Kaufhaus Amazon führte beispielsweise den „Amazon Coin" ein, eine virtuelle Währung zur Bezahlung von mobilen Applikationen. Einer der Gründe für die Einführung von elektronischer Währung, sind die Kosten, durch die hohe Anzahl an Transaktionen im Micro-Payment Bereich. Durch die Nutzung der elektronischen Währung entfallen hier die Transaktionskosten für die Anbieter vollständig. [42] Elektronisches Geld wird vorwiegend für virtuelle Güter verwendet und ist deshalb für den Bereich des Proximity Mobile Payments vernachlässigbar.

2.3 Marktteilnehmer

Wie in jedem anderen Zahlungssystem sind auch im Mobile Payment einige Marktteilnehmer involviert, um das gesamte Ökosystem aufrecht zu erhalten. Die Konvergenz zwi-

---

[38] Vgl. Pousttchi et al., 2005, S.363
[39] Vgl. Contius et al., 2002, S.60
[40] Vgl. Kaymaz, 2011, S.43
[41] Vgl. Europäische Gemeinschaft, 2004
[42] Vgl. Amazon, Amazon Coins

schen der mobilen Welt und der Welt des Zahlungsverkehrs gestaltet sich als sehr komplex und erfordert in diesem Zusammenhang die Kooperation vieler Marktteilnehmer.[43]
Einen großen Teil davon nehmen die Payment Service Provider ein. Wichtig für die technische Infrastruktur sind Gerätehersteller und Technologielieferanten, für die Erreichung
einer kritischen Masse sowie Marktakzeptanz, sind dies Händler und Kunden.

2.3.1 Payment Service Provider

Wie in Abb. 4 dargestellt besteht das Mobile Payment Ökosystem aus drei Gruppen von
Payment Service Providern (PSPs). In Zusammenhang mit Mobile Payment ist auch der
Begriff Mobile Payment Service Provider gebräuchlich. Da sich diese Arbeit alleinig auf
den mobilen Sektor der Bezahlverfahren stützt, bezieht sich in weiterer Folge bei der
Verwendung des Begriffes Payment Service Provider, dies klarerweise auf den mobilen
Bereich.

Payment Service Provider, wie der Name vermuten lässt, stellen mobile Zahlverfahren zur
Verfügung. Grundsätzlich wird zwischen drei verschiedenen Payment Service Provider
Gruppen unterschieden:[44]

- Banken und Finanzdienstleister (Kreditkarteninstitute)
- Mobilfunkbetreiber (MNOs – Mobile Network Operators)
- 3rd Party Service Provider / Mobile Payment Startups

Natürlich besteht auch die Möglichkeit, dass die einzelnen Gruppen der Anbieter untereinander Partnerschaften, Kooperationen und Kollaborationen schließen.

Jede Transaktion im Mobile Payment benötigt für die technische Anbindung und die
Transaktionsabwicklung einen Payment Service Provider, der sich für eine oder mehrere
Bezahlformen, Technologien und Transaktionsbereiche spezialisiert hat. Dies bietet er-
hebliche Vorteile für Online-Shops und POS, da diese damit keine direkte Anbindung an
Zahlungsverkehrssysteme benötigen. Alle Transaktionen des Händlers werden so über
eine Schnittstelle abgewickelt.[45]

Grundsätzlich besteht die Möglichkeit, dass Gerätehersteller selbst auch Payment Services bereitstellen können. In der Praxis ist dies aber nur in Ausnahmefällen der Fall, im
Kapitel 4.3, im Zuge der Analyse der Kundenanforderungen, erfolgt hierzu die Begrün-
dung.

---

[43] Vgl. Smart Card Alliance Studie, 2008
[44] Vgl. Pousttchi, 2004, S.262
[45] Vgl. WKO, 2012

2.3.2 Trusted Third Party (TTP)

TTPs sind unabhängige Vertrauensinstanzen, die mittels Signaturen, Zertifikaten und der Generierung von Sicherheitsschlüsseln die Zahlungstransaktion in der Dreiecksbeziehung zwischen Kunden, Händlern und Service Providern vor Manipulation schützen und die einzelnen Teilnehmer eindeutig in diesem digitalen Kommunikationsprozess identifizieren.[46] Im Kontext von Bezahlungen mittels der NFC Technologie, werden diese auch häufig als Trusted Service Manager (TSM) bezeichnet. Diese TTPs kommen nur dann zum Einsatz, wenn zwei oder mehrere PSPs eine Kooperation bilden.[47]

2.3.3 Technologielieferanten

Technologielieferanten sind die Gruppe der Marktteilnehmer im Mobile Payment, welche die notwendige, oft standardisierte Technologie zur Verfügung stellt. Dies umfasst nicht nur die Hardware, wie beispielsweise NFC-Chips, sondern ebenso die Bereitstellung der Payment-Infrastruktur und die Kommunikation im Payment Prozess. Nicht selten werden im Mobile Payment die TTPs als eine Art Technologielieferant bezeichnet.[48]

2.3.4 Gerätehersteller (OEMs)

Im Kontext einer Mobile Payment Lösung wird den Herstellern der mobilen Endgeräte (OEMs) eine wichtige Rolle zugeschrieben. Diese haben die Möglichkeit ihre Geräte mit den für Mobile Payment benötigten Funktionen, Technologien und Hardwarekomponenten auszurüsten (NFC-Chip, mobiler Browser, Kamera,...). Hier spielen Faktoren wie Leistungsfähigkeit und Usability eine wichtige Rolle, um die Akzeptanz der Konsumenten zu steigern.[49] [50] [51]

2.3.5 Konsumenten

Im Mobile Payment sind Konsumenten mobile User, die mobile Endgeräte nutzen und dabei die Bereitschaft zeigen, damit Produkte und Services zu bezahlen. Der Kunde muss dabei den mobilen Einkauf initiieren, oder diesen autorisieren. Im Mobile Payment, als auch in klassischen Bezahlverfahren, stellen die Konsumenten die größte Gruppe der Marktteilnehmer dar. Somit sind diese ein essentieller Faktor für den Erfolg einer Mobile Payment Lösung.[52] [53]

[46] Vgl. Kaymaz, 2011, S.61
[47] Vgl. Smart Card Alliance Studie, 2011
[48] Vgl. Innopay & Paypers Studie, 2013
[49] Vgl. Kaymaz, 2011, S.62
[50] Vgl. Innopay & Paypers Studie, 2013
[51] Vgl. Smart Card Alliance Studie, 2011
[52] Vgl. Kaymaz, 2011, S.56
[53] Vgl. Innopay & Paypers Studie, 2013

2.3.6 Händler

Die Gruppe der Händler unterteilt sich in stationäre, oder online tätige Unternehmen. Diese stellen dem Konsumenten Produkte oder Services zur Verfügung. Im Mobile Payment geschieht dies mittels der Bereitstellung von Mobile Payment Zahlungsmöglichkeiten. Der Händler fungiert hier als Intermediär im Zahlungsverkehr, er übermittelt Kauf- und Autorisierungsanfragen zwischen Konsument und PSP und liefert abschließend die gekauften Produkte oder Services. Ebenso wie die Gruppe der Konsumenten, ist die Akzeptanz und Bereitstellung der Mobile Payment Services auf Seiten der Händler wichtig für die Einführung einer Mobile Payment Lösung.[54] [55]

2.4 Einsatzgebiete des Mobile Payments

Abschließend zum Mobile Payment Framework folgt eine Darstellung der verschiedenen Einsatzgebiete des Mobile Payments, untergliedert in den Remote- und Proximity Bereich. Erkennbar sind hier die Zusammenhänge zwischen den einzelnen Transaktionselementen und deren Einsatzbereich.

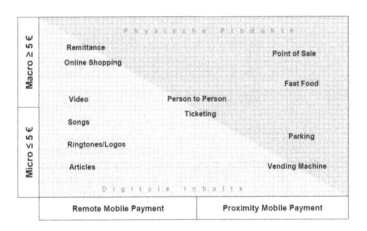

Abbildung 5: Einsatzgebiete des Mobile Payment [56]

3   Proximity Mobile Payment

Anhand des vorherigen Kapitels lässt sich das Umfeld des Proximity Mobile Payment bereits sehr gut abgrenzen. Demnach lässt sich dies Art der mobilen Bezahlung anhand der eingesetzten Technologie, des Transaktionsvolumens, des Zahlungsgegenstandes, der

---

[54] Vgl. Kaymaz, 2011, S.57
[55] Vgl. Innopay & Paypers Studie, 2013
[56] Quelle: Kaymaz, 2011, S.32

Übermittlungsmethode und des Transaktionsbereiches klar einordnen und vom Remote-Payment abgrenzen. Anschließend erfolgt die Darstellung des Bezahlprozesses im Proximity Mobile Payment.

3.1 Proximity Mobile Payment Prozess [57] [58]

Der Prozess des Proximity Mobile Payments umfasst einige Elemente die nötig sind, um eine Zahlungstransaktion durchzuführen. Davon ausgehend, dass sich ein Konsument bereits bei einem Service Provider einer Mobile Proximity Lösung registriert hat, sieht ein Bezahlprozess wie folgt aus:

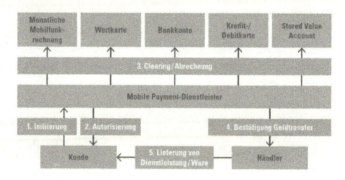

Abbildung 6: Proximity Mobile Payment Prozess [59]

1. Initiierung /Authentifizierung
   Die Initiierung einer Transaktion definiert die elektronische Verbindung im Händler - Konsument - MPSP - Dreieck. Diese Verbindung dient zur Übermittlung der Authentifizierungsdaten. Die Übermittlung dieser Daten ist die zentrale Aktivität im Proximity Mobile Payment Prozess, denn ohne Authentifizierung ist der Transaktionspartner nicht identifizierbar. Ähnlich wie bei einer Kreditkartenzahlung, wird die Authentifizierung vom Payment Service Provider durchgeführt.

2. Autorisierung
   Im zweiten Schritt des Bezahlprozesses erfolgt die Autorisierung der Transaktion, dies geschieht wiederum durch den PSP oder einer TTP. Der PSP muss hier entscheiden, ob die Autorisierung in der eigenen Wertekette, oder durch Partner abgewickelt werden soll. Festzuhalten ist hier, dass Faktoren wie Zahlungsgarantie

---

[57] Vgl. Contius et al., 2002, S.61ff
[58] Vgl. KPMG & ECC Studie, 2010
[59] Quelle: Modifiziert übernommen aus Lammer, 2007, S.83

und Ausfallsicherheit entscheidende Aspekte der Autorisierung darstellen. Zahlungen im Micro-Payment, sowie im unteren Macro-Payment Bereich, wie etwa die Bezahlung bei Fast-Food Ketten, unterscheiden sich in der Art der Autorisierung oft signifikant von klassischen Macro-Payments.

3. Clearing /Abrechnung
   Das Clearing umfasst die Übertragung und Abstimmung der Zahlung bevor diese endgültig ausgeführt wird. Grundsätzlich werden in diesem Schritt die detaillierten Zahlungsdaten übermittelt.

4. Bestätigung Geldtransfer (Settlement)
   Die im Clearing übermittelten und abgestimmten Daten werden nun im Settlement-Prozess verarbeitet - die eigentliche Zahlung wird hier getätigt.

5. Lieferung/Verwaltung
   Abschließend erfolgt die Lieferung der Produkte oder der Dienstleistungen. In der Verwaltung erfolgen die Rechnungserstellung, sowie die Abwicklung von Kundenservices oder etwaigen Zahlungsausfällen.

3.2 Technologische Basis

Bei einem Bezahlvorgang im Proximity Mobile Payment Prozess können verschiedene Technologien zur Übermittlung der Transaktionsdaten verwendet werden. Nachfolgend werden die derzeit im Proximity Mobile Payment eingesetzten Technologien beschrieben.

3.2.1 Near Field Communication (NFC)

Near Field Communication ist eine Funktechnologie, die kontaktlose Datenübertragungen über kurze Distanzen (3-5cm) mit bis zu 424 kbit/s erlaubt (Short-Range Contactless). Basierend auf der RFID Technologie, die eine Funkwellenreichweite von bis zu 10m erlaubt, wurde NFC aus Sicherheitsgründen in der Reichweite eingeschränkt. Um also eine Zahlung mittels eines NFC-fähigen mobilen Endgerätes zu tätigen, ist es notwendig, dieses unmittelbar an ein Lesegerät zu halten, um eine Transaktion initiieren oder autorisieren zu können.[60] Ein weiterer Unterschied zu RFID ist die Art der Kommunikation eines NFC-Chips, während bei der RFID Technologie die Kommunikation einseitig verläuft, können aktive NFC Chips in beide Richtungen kommunizieren.

Im Zuge der Markteinführung der NFC Technologie an stationären POS, werden oftmals auch sogenannte passive NFC Chips eingesetzt. Finanzunternehmen wie MasterCard (inkl. Maestro) und Visa bestücken ihre Kredit- und Bankkarten mit passiven NFC Chips.

---

[60] Vgl. Büllinger et al., 2012, S.40

Diese sogenannte „Brückentechnologie" soll als Zwischenschritt zwischen der herkömmlichen Kartenzahlung und der Verwendung von aktiven NFC Chips in mobilen Endgeräten dienen.[61] Zusätzlich haben die fünf größten Mobilfunkbetreiber Europas ebenfalls damit begonnen, die NFC Technologie in ihren SIM-Karten zu integrieren. Selbst Aufkleber, oder in Schutzhüllen integrierte Chips, sind für die Service Provider vorstellbar. Ziel dieser Aktionen ist es, die Wartezeit zu überbrücken, bis der Markt eine gewisse Sättigung an NFC-fähigen Mobiltelefonen erreicht hat.[62]

Nachfolgend werden die Unterschiede und Möglichkeiten zwischen passiven und aktiven NFC Chips dargestellt:

	Aktive NFC Technologie	Passive NFC Technologie
An allen NFC Terminals einsetzbar	Ja	Ja
Eigene Stromversorgung	Ja	Nein
2 Wege Kommunikation	Ja	Nein
Als MPOS einsetzbar	Ja	Nein
Zusatzfunktionen nutzbar	Ja	Nein

Tabelle 1: Eigenschaften der NFC Technologien

Aktuell eingesetzte NFC Terminals wurden dahingehend ausgerüstet, dass sie mit passiven, als auch mit aktiven NFC Modulen Transaktionen durchführen können. Bis der Markt die kritische Masse erreicht hat und die Akzeptanz seitens der Händler und Kunden gegeben ist, wird in den bereits NFC-tauglichen Smartphones auf sogenannte Kartenemulatoren zurückgegriffen. Das Smartphone verhält sich hierbei an einem Terminal wie eine Kreditkarte mit passivem NFC Chip.

Wie aus der Tabelle ersichtlich bieten aktive NFC Chips in einigen Punkten erhebliche Vorteile. Nicht nur, dass aktive Module unabhängig von einer Stromversorgungsquelle einsatzfähig sind – aktive NFC Module können eine Vielzahl von Einsatzgebieten abdecken, da diese direkt mit dem Smartphone verbunden sind und einzelne Applikationen auf diese NFC-Technologie zugreifen können. Der NFC Chip kann somit Bonuskarten ersetzten, für Marketingaktivitäten verwendet werden, oder das Smartphone selbst zum Bezahl-Terminal machen (Mobile POS Terminal).

[61] Vgl. Büllinger et al., 2012, S.41
[62] Vgl. Gurrola Daniel, Vice President Orange Mobile, 2011

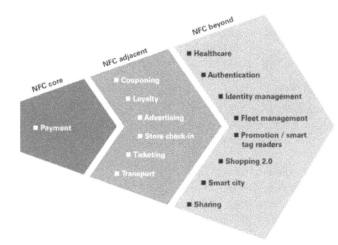

Abbildung 7: Prognostizierte Einsatzgebiete der NFC Technologie [63]

3.2.2 Cloud-basierende Technologie

Einen technologisch völlig anderen Weg als die NFC Lösung geht das aus dem Remote-Payment stammende Bezahlverfahren mittels Cloud-basierender Technologie. Cloud Computing ist ein Modell, welches IT-Ressourcen bei Bedarf ubiquitär und dynamisch über ein Netzwerk zur Verfügung stellt.[64] Bezogen auf Proximity Mobile Payment bedeutet dies, dass mittels einer definierten Applikation auf dem mobilen Endgerät, die notwendigen Daten für eine Transaktion über das mobile Web abgerufen werden.[65] Dies setzt voraus, dass das mobile Endgerät über eine Datenverbindung des Mobilfunkbetreibers, oder das Endgerät über einen Zugang zu einem lokalen W-LAN mit Internetanbindung verfügt.

Die Funktionsweise bei Cloud-basierenden Übermittlungen an physischen POS unterscheidet sich nicht von Bezahlungen bei Distanzgeschäften. Grundlage für diese Form der Bezahlung ist somit eine mobile Applikation, in der der mobile User sich registriert und gegebenenfalls Konto- oder Kreditkartendaten hinterlegt. Da hier, im Gegensatz zum Remote-Payment, die Bezahlung vor Ort geschieht, unterscheidet sich hier die Identifizierung zum klassischen Mobile Payment. Dazu benötigt der mobile User den Einsatz einer Vor-Ort Authentifizierung, derzeit wird dies mittels folgender Methoden realisiert:

---

[63] Quelle: Arthur D Little Research, 2013
[64] Vgl. Mell, 2012, S.2
[65] Als mobiles Web wird der Zugang zum Web mit einem mobilen Endgerät bezeichnet.
Vgl. Berners-Lee, W3C

- Check-in & PIN

  Der User kann mit Hilfe des im Smartphone integrierten GPS-Moduls, durch die Funktion der Geo-Lokalisation, an einem stationären POS „einchecken". An der Kassa bestätigt der Kunde, durch die Eingabe seines persönlichen PINs, die Bezahlung.[66]

- Code & PIN

  Der User bekommt beim Bezahlvorgang an der Kassa einen Zahlencode, den er in die bereitgestellte App eintippt, gefolgt von der Eingabe des PINs.[67]

- Mobilfunknummer & PIN

  Diese, nicht direkt dem Proximity Mobile Payment zuzuordnende Methode, erfordert zwar wie bei den beiden anderen Methoden, eine mobile Applikation und eine Registrierung bei dem angebotenen Service. Die Bezahlung am POS erfolgt aber dann durch die Eingabe der Mobilfunknummer und einer persönlichen PIN am Terminal. Zusatzfunktionen wie Coupons und etwaige Rabattaktionen werden hier automatisch berücksichtigt, die Abrechnung ist hier in Echtzeit auf dem Smartphone ersichtlich.[66]

3.2.3 Quick Response–Code (QR-Code)

Neben Cloud-Payment und NFC- Technologie existiert ein weiterer technologischer Ansatz zur Bereitstellung von Proximity Mobile Payment: Die Bezahlung mittels QR-Code (Quick Response Code). QR-Codes basieren auf dem Barcode Prinzip, doch anders als bei einem Strichcode, wird hier das Muster in einem zweidimensionalen Quadrat dargestellt.[69] QR-Codes können im Mobile Payment im Proximity-, als auch im Remote-Bereich eingesetzt werden. Verbunden mit der Tatsache, dass eine Kamera bereits zu der Standardausstattung bei Smartphones zählt und das die einzige Voraussetzung für den Scan eines QR-Codes ist, ermöglicht dies eine relativ hohe Verbreitung der Technologie.[70] Im Mobile Proximity Payment unterscheidet man derzeit zwischen zwei Varianten der Bezahlung:

- Das „Customer-Scan" Prinzip

  Hierbei scannt der Konsument, mittels eines mobilen Endgeräts, den generierten QR Code am Kassenterminal eines POS. Das mobile Endgerät des Kunden übernimmt hier die Funktion der Datenübertragung.

---

[66] Vgl. PayPal Australia
[67] Vgl. Homedepot.com
[68] Vgl. PayPal, "In store"
[69] Vgl. Denso Wave
[70] Vgl. Büllinger et al., 2013, S.7

- Das „Merchant-Scan" Prinzip
  Bei dieser Variante wird beim Kunden selbst ein QR-Code generiert, der anschließend vom Händler gescannt wird. Die Übertragung der Transaktionsdaten wird
  dabei vom Händler übernommen.

Das QR-Code Payment ist sehr eng verwandt mit der Cloud-basierenden Zahlmethode,
hier werden ebenfalls eine aktive Datenverbindung, die bereitgestellte App, sowie eine
Registrierung seitens des Konsumenten benötigt. Der QR-Code wird dabei als eine Art
„Vor-Ort-Autorisierung" verwendet. Wie bei Cloud-Zahlungen kann hier ebenfalls ein per-
sönlicher PIN eingesetzt werden, um die Transaktion zusätzlich zu schützen.[71]

3.2.4 SMS-Technologie

SMS (Short Message Service) ist grundsätzlich eine Technologie zum Senden und Emp-
fangen von Textnachrichten auf mobilen Endgeräten. Die SMS-Technologie ist nicht auf
mobile Internettechnologien angewiesen, sie basiert rein auf dem GSM-Netz.[72] Bei den
SMS Bezahlverfahren ergeben sich drei Möglichkeiten der Nutzung:

- Premium SMS
  Im Micro-Payment Bereich sehr verbreitet, lassen sich sogenannte Premium SMS
  als Abrechnungsmöglichkeit für virtuelle oder digitale Güter verwenden. Die ange-
  fallenen Kosten werden über die Mobilfunkrechnung abgegolten.

- C2C Transaktionen
  Diese Art der Verwendung bezieht sich auf private Transaktionen zwischen zwei
  Personen. Die SMS Nachricht wird hier als Authentifizierung und Autorisation ver-
  wendet. Diese spezielle Verwendung der SMS-Technologie findet man vermehrt in
  Ländern und Gebieten mit schwach ausgeprägter Datennetzwerk- und Banken-
  Infrastruktur.[73]

- Autorisations-SMS
  Eine weitere Form der mobilen Bezahlung mittels der SMS Technologie findet man
  auf Basis der Identifizierung und Autorisierung. Diese Ausprägung der SMS-
  Technologie wird im Proximity Mobile Payment verwendet, speziell im Bereich von
  Lieferservices und SMA Transaktionen. Unterschieden wird hier zwischen:

---

[71] Vgl. Smart Card Alliance Studie, 2011
[72] Vgl. Zerfos, 2006, S. 1
[73] Vgl. KPMG-Studie, 2007

- o Initiierung kundenseitig

  Hier wird mittels einer App, oder direkt über die Textfunktion des mobilen Endgerätes, eine SMS mit einem definierten Text an eine vom Service Provider bereitgestellte Mobilfunknummer gesendet. Dieser bestätigt anschließend die gewünschte Leistung. Ein Beispiel dafür sind Mobile Parking[74] oder SMA Services, zum Beispiel bei Zigarettenautomaten – hier sendet der Kunde einen Text an die auf den Automaten angebrachte Nummer, nach einer Bestätigungs-SMS wird ein gewisser Betrag am jeweiligen Automaten für eine Transaktion freigeschalten.

- o Initiierung händlerseitig

  Der Kunde bekommt im Rahmen einer Bezahlung, vom Service Provider eine SMS-Aufforderung zur Bestätigung der Zahlungstransaktion. Der Kunde bestätigt diese SMS und die Zahlung ist somit abgeschlossen.[75] Beispiel hierfür sind Lieferdienste, Ticketbestellungen (Mobile Ticketing[76]), oder Bezahlungen an POS.

3.3 Zentrale Geschäftsmodelle im Proximity Mobile Payment

Neben der Nutzung der unterschiedlichen Technologien, unterscheiden sich Proximity Mobile Payment Lösungen auch anhand ihrer verschiedenen Geschäftsmodelle. Diese referenzieren sich grundsätzlich auf die Payment Service Provider. Das heißt, es gibt zu den drei verschiedenen PSP-Gruppen, jeweils ein zugehöriges Geschäftsmodell. Dadurch, dass die Service Provider untereinander Kollaborationen schließen können, ergibt dies ein viertes Geschäftsmodell.

3.3.1 Finance-based Model

Im finanzwirtschaftlich basierenden Geschäftsmodell übernehmen Banken oder Kreditkarteninstitute die Hauptfunktionen über die gesamte Wertschöpfungskette des Proximity Mobile Payment. Wie in anderen Modellen, müssen Kunden sowie Händler mit der nötigen Hard- und Software ausgerüstet werden. Die Abrechnung erfolgt hier über das Girokonto oder das Kreditkartenkonto des Kunden.

Das Finance-Model ermöglicht es den Service Providern, die Transaktionskosten auf ein Minimum zu reduzieren. Dies wird durch den Einsatz von automatisierten Clearing Houses (elektronischen Netzwerken) für Finanztransaktionen ermöglicht, welche europaweit

---

[74] Mobile Parking ist der Erwerb von elektronischen Parktickets mittels mobilen Endgeräts.
Vgl. Meier et al., 2008, S.224
[75] Vgl. Paybox, Funktionsweise
[76] Mobile Ticketing ist die Bezahlung von Fahrkarten oder Tickets mit dem Einsatz eines mobilen Endgerätes.
Das Ticket wird hier in elektronischer Form bereitgestellt. Vgl. Meier et al., 2008, S.221

standardisiert sind (PE-ACH – Pan European-Automated Clearing House). Das Finance-Model greift hier schon auf bestehende Infrastruktur und Technologien zurück, wie bei den derzeit gängigen bargeldlosen Bezahlmethoden.[77]

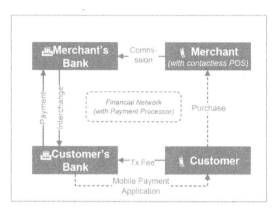

Abbildung 8: Payment Prozess im Finance-based Model [78]

Während einer Transaktion werden seitens der Kunden und Händler Gebühren bzw. Kommissionen an die jeweilige Bank bezahlt. In dem oben abgebildeten 2-Seiten-Gebührenmodell muss einerseits der Kunde, neben der Bezahlung für diese automatisierte Transaktion, eine Gebühr an seine Bank zahlen. Dies geschieht meist in Form einer Kontoführungsgebühr. Vom Händler hingegen, wird eine Kommission für die Bereitstellung der bargeldlosen Zahlungstechnologie von dessen Bank eingefordert. Einen Teil dieser Kommission muss die Bank des Händlers wiederum an die Bank des Kunden bezahlen, die sogenannte Interchange-fee. Sollten die involvierten Banken demselben Bankennetzwerk zugehören, entfällt oder verringert sich diese Gebühr. Abschließend übermittelt die Bank des Kunden den Zahlungsbetrag an die Bank des Händlers.[79]

3.3.2 MNO-based Model

Ähnlich dem finanzwirtschaftlichen Modell, übernimmt hier der Mobilefunkbetreiber die Hauptfunktionen entlang der PMP-Supply Chain. Die Abrechnung der Transaktionen erfolgt dabei über zwei Arten:

---

[77] Vgl. EBA (European Bank Authority)
[78] Vgl. Smart Card Alliance Studie, 2008
[79] Vgl. Anderloni et al., 2009 S.159

- Ein Prepaid System, bei dem die Kunden im Vorhinein einen Betrag in einem Guthabensystem „aufladen".

- Der Betreiber berechnet dem Kunden die Transaktionsbeträge über die Mobilfunkrechnung.

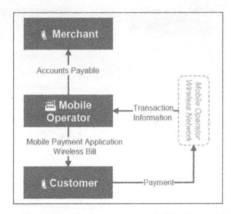

Abbildung 9: Payment Prozess im MNO-based Model [80]

Der Prozess in diesem Modell gestaltet sich für den Kunden als denkbar einfach. Der im Umfang einer elektronischen Zahlung geforderte Betrag wird dem Kunden über die Mobilfunkrechnung oder von seinem Guthabenkonto abgerechnet. Üblicherweise entstehen hier für den Kunden keine Gebühren.

Der MNO hat hierbei die volle Kontrolle über Transaktionsgebühren und Provisionen, muss aber im Gegenzug eine bankenähnliche Zahlungsinfrastruktur aufbauen. Dies umfasst die Akquise einer hohen Anzahl an Händlern, sowie die Bereitstellung der Hardware vor Ort.

3.3.3 3rd Party Model (P2P)

Das 3rd Party oder P2P Modell (Peer to Peer) behandelt Finanztransaktionen, ohne dabei auf bestehende Finanzinstitute zuzugreifen. Dies bedeutet, dass bei dieser Art von Transaktion das Finanzinstitut (Bank oder Kreditkarteninstitut) als Intermediär entfällt. Damit entfallen ebenso Transaktionsgebühren und Provisionen an diese. Dies impliziert aber, dass Händler sowie Kunde bei demselben P2P Service Provider registriert sein müssen.

---

[80] Vgl. Smart Card Alliance Studie, 2008

Technologisch ist diese Art der Finanztransaktion sehr innovativ und entsprechend kostengünstig für Händler. P2P Modelle werden oft von Technologieunternehmen oder Mobile Payment Startups angeboten. Diese Unternehmen bieten meist den höchsten Innovationsgrad, haben aber erhebliche Nachteile gegenüber Finanzdienstleister oder MNOs, da sie ihren Ursprung weder in der Mobilfunkbranche, noch in der Bankenbranche haben. Ebenso wird ihnen ein vergleichsweise geringes Maß an Vertrauen seitens der Kunden entgegengebracht.

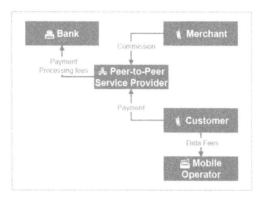

Abbildung 10: Payment Prozess im P2P Model [81]

Der P2P Service Provider fordert wie in den anderen Modellen, im Bezahlprozess eine Kommission vom Händler für die Bereitstellung der Infrastruktur und Technologie. Anders als bei den restlichen Modellen, ist hier die Verwendung von speziellen POS-Terminals nicht zwingend erforderlich. Es reicht ein mobiles Endgerät mit entsprechender Software und Technologie seitens des Händlers. Das P2P Modell umgeht somit das gesamte Payment-Ökosystem.

3.3.4 Collaboration Model

Ein Kollaborationsmodell ist das wahrscheinlich komplexeste Geschäftsmodell im Proximity Mobile Payment. Es impliziert die sehr enge Zusammenarbeit mehrerer Marktteilnehmer im Proximity Mobile Payment. Die Kollaborationspartner sind meist Finanzinstituten, MNOs, P2P Providern und OEMs.[82]

Durch die Teilnahme mehrerer Payment Service Provider kommt in diesem Geschäftsmodell ein weiterer Marktteilnehmer hinzu, die schon im Kapitel beschriebene TTP, oder

---

[81] Vgl. Smart Card Alliance Studie, 2008
[82] Vgl. Smart Card Alliance Studie, 2008

in Verbindung mit NFC-Zahlungen genannte TSM (Trusted Service Manager), der als unabhängige Instanz die Sicherheit zwischen den Transaktionen wahrt.

Zu unterscheiden gilt in einem Kollaborationsmodell, dass dabei nicht die Rede von einer Partnerschaft zwischen PSP und Händler, oder zwischen mehreren Händlern und einem PSP ist, sondern vielmehr die Technologie, oder besser gesagt, die Kernkompetenzen zweier oder mehrerer PSP sich bündeln, um eine einheitliche Lösung zu schaffen. Partnerschaften im Gegenzug sind grundsätzlich notwendig, um jedes dieser 4 Geschäftsmodelle zu realisieren.[83]

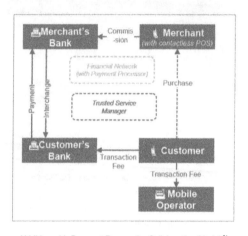

Abbildung 11: Payment Prozess im Collaboration Model [84]

Da dieses Modell darauf aufbaut, dass jeder der Kollaborationspartner seine Kernkompetenz bereitstellt, ergeben sich je nach Art der Kollaboration verschiedenste Arten der Gebühren- und Provisionsverteilung.

4   Anforderungen im Proximity Mobile Payment

Nach der Aufbereitung der im Proximity Mobile Payment eingesetzten Technologien und Geschäftsmodelle, erfolgt nun eine Analyse des gesamten europäischen Proximity Mobile Payment Ökosystem. Um ein neues Bezahlsystem erfolgreich zu etablieren, ist es erforderlich, dass eine kritische Masse an Nutzern dieses System verwendet. Um eben diese kritische Masse zu erreichen, besteht die Notwendigkeit der Erfüllung einiger Anforderungen.

---

[83] Vgl. Steinbeis-Research, 2012
[84] Vgl. Smart Card Alliance Studie, 2008

Die Konvergenz zwischen mobiler Welt und der Welt der Zahlungssysteme gestaltet sich als sehr komplex, daher erfordert dies die Berücksichtigung der Anforderungen von mehreren Seiten.

Vorerst muss ein neuartiges Zahlungssystem den Marktgegebenheiten entsprechen, denn gewisse Technologien oder Geschäftsmodelle lassen sich nicht in allen Bereichen der Welt einsetzten. Sollten nun die Rahmenbedingungen in einem Markt den Anforderungen des Zahlungssystems entsprechen, gilt es die Anforderungen der Marktteilnehmer zu erfüllen um deren Akzeptanz zu steigern. Den Hauptteil der Marktteilnehmer macht die Gruppe der Endkonsumenten aus, sie gilt als essentiell im Prozess der Produkteinführung am Massenmarkt.

4.1 Erreichung der kritischen Masse

Die Einführung eines Proximity Mobile Payment Zahlungssystems ist vergleichbar mit der Einführung eines klassischen Netzeffektgutes bezogen auf einen „two-sided market". Am Beispiel der Diffusionskurve ist gut erkennbar, dass der Erfolg eines Netzeffektgutes abhängig vom Erreichen einer kritischen Masse ist.

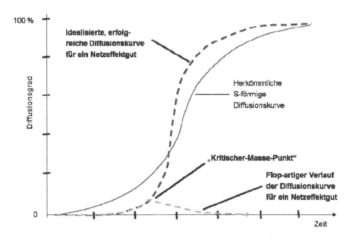

Abbildung 12: Diffusionsverlauf eines Netzeffektgutes [85]

Hat ein Netzeffektgut den Punkt der kritischen Masse überschritten, so tritt auch der Erfolg des Gutes ein. Anders als bei einer herkömmlichen Produkteinführung, bei der nur eine Seite der Marktteilnehmer betroffen ist, müssen bei der Einführung eines mobilen Zahlungssystems zwei Marktteilnehmer berücksichtigt werden.

---

[85] Quelle: Schoder, 1995, S.21

4.1.1 Two-sided market

Das Hauptproblem der Mobile Payment Anbieter ist es, eine kritische Masse zu erreichen und dies heißt im Falle eines neuen Bezahlsystems, die Akzeptanz zweier Parteien zu erhalten. Wie bei jedem „two-sided market" müssen beide Seiten, also Händler und Kunden, gleichermaßen eine erhöhte Akzeptanz und Nutzung der Zahlungsgeräte und Mobilfunktelefone aufweisen. Hierzu gehört die Überwindung der „Henne-Ei Problematik". Das heißt, Händler verwenden ein neuartiges Bezahlsystem eher, wenn eine große Kundengruppe die Bereitschaft zeigt, dieses zu nutzen. Andererseits nutzt die Kundengruppe das Bezahlsystem nur, wenn ausreichend Akzeptanzstellen dafür verfügbar sind.[86] Schon hier gestaltet sich eine Produkteinführung als sehr herausfordernd, denn die Akzeptanzkriterien der beiden Marktteilnehmer beeinflussen sich hier wechselseitig. Somit muss bei dieser Art der Produkteinführung damit gerechnet werden, dass das Erreichen der kritischen Masse eine längere Dauer in Anspruch nehmen wird.

4.2 Marktgegebenheiten

Ob ein Produkt die kritische Masse erreichen wird, hängt zu einem großen Teil von den Rahmenbedingungen des Zielmarktes ab. Im Kontext der Einführung eines neuen Bezahlsystems, mittels Gebrauch des Mobiltelefons, kann von der Einführung einer Innovation gesprochen werden. Die Eignung einer Innovation hängt dabei von einigen Faktoren ab, diese umfassen ökonomische, soziale, politische, rechtliche und technologische Aspekte. [87] [88] [89]

Im Proximity Mobile Payment lassen sich dabei folgende Aspekte konkretisieren:

- allgemeines Markt- und Absatzpotential
- länderspezifische Regulierungen in der Zahlungsinfrastruktur
- allgemeines Akzeptanzverhalten der Konsumenten
- innovationsbezogene Wertehaltung der Konsumenten bei neuen Zahlensystemen
- Technologieniveau und -verfügbarkeit am Zielmarkt
- Gegebenheiten der aktuellen Zahlungsinfrastruktur

Diese Arbeit beschäftigt sich mit der Einführung von Proximity Mobile Payment am europäischen Markt. Der Einfachheit halber beziehen sich die nachfolgenden Erkenntnisse auf den EU-27 Raum, inklusive der Schweiz, Monaco, Island, Norwegen und Liechtenstein. Dies ist jener Bereich von Europa, der am einheitlichen Euro-Zahlungsverkehrsraum

---

[86] Vgl. Steinbeis-Research, 2012
[87] Vgl. European Commission, 2012
[88] Vgl. Cooper, 2000, S.4ff
[89] Vgl. Talke, 2005, S.84

(SEPA) teilnimmt. Der SEPA Standard steht für einen einheitlichen Zahlungsverkehrs-raum, denn derzeit verwendet jedes Land in Europa eigene System und technische Stan-dards. Das heißt, alle Länder und Banken die am SEPA Standard teilnehmen, müssen ihre IT-Infrastruktur und Kommunikation auf den erforderlichen XML-Standard adaptieren.

Mit Februar 2014 werden somit in allen 32 teilnehmenden Staaten die Zahlungsvorgänge vereinheitlicht, es gibt keinen Unterschied mehr zwischen nationalen und internationalen Transaktionen.[90] Für Mobile Proximity Payment hat dies den Vorteil, dass einige der Zah-lungslösungen in allen 32 Ländern uneingeschränkt und grenzübergreifend nutzbar sind.[91]

Das europäische mobile Ökosystem ist sehr stark fragmentiert, der SEPA-Raum umfasst immerhin 32 Staaten, die sich neben den technologischen Entwicklungen, ebenso durch kulturelle Unterschiede und staatliche Regulierungen differenzieren.[92] Dennoch drängen sich immer mehr Unternehmen in den komplexen Markt der mobilen Bezahlung und ver-suchen dabei den Kunden einen Mehrwert zu schaffen.[93]

Obwohl sich Teile von Europa in Bereichen wie Technologie und Innovation ähnlich wie in den USA entwickeln, heißt dies nicht zwangsläufig, dass die US-basierenden Geschäfts-modelle am europäischen Markt funktionieren. Der europäische SEPA Raum besteht aus 32 unterschiedlichen Staaten, die sich zwar ähnlich den USA geografisch im selben Ge-biet befinden, aber jeder Staat unterschiedlichen Regulierungen und Wirtschaftssystemen unterliegt. Für Service Provider heißt dies, dass sich die Umstände und Anforderungen, anders als in den USA, von Land zu Land unterscheiden können.[94]

Während in den USA mehr die „winner takes it all" Strategie im Vordergrund steht, wo Mobilfunkbetreiber, Technologieunternehmen, oder sogar einzelne Händlergruppen um die Marktführerschaft kämpfen, liegt der Fokus am europäischen Markt eher auf Kollabo-ration. Jedoch gestalten sich derzeitig noch einige Probleme bei der Zusammenarbeit der verschiedenen Unternehmen. Die unterschiedlichen Interessen der Stakeholder, meistens mit unterschiedlichen Einstellungen und Erwartungen, sind der Hauptgrund, warum Pro-ximity Mobile Payment Modelle auf Kollaborationsbasis bisher scheiterten.[95]

---

[90] Vgl. OENB.at
[91] Vgl. European Commission, 2012
[92] Vgl. wi-mobile Research, 2009
[93] Vgl. Innopay & Paypers Studie, 2013
[94] Vgl. Innopay & Paypers Studie, 2013
[95] Vgl. Innopay & Paypers Studie, 2013

4.3 Anforderungen der Mobile Payment Nutzer

Ein weiteres Kriterium um die kritische Masse zu erreichen, ist die Erfüllung der Kundenanforderungen durch ein neues Bezahlsystem. Nachfolgend werden eben diese Anforderungen aufgeschlüsselt und näher beschrieben. Eine Studie der KPMG aus dem Jahr 2010 erfragte bei Kunden die wichtigsten Anforderungen an ein Mobile Payment System:

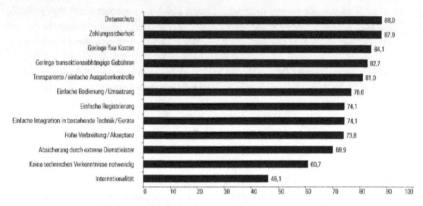

Abbildung 13: Anforderungen an ein Mobile Payment System [96] *

Demnach sind für Mobile Payment User, Faktoren wie Datenschutz und Sicherheit die wichtigsten Aspekte bei einer Mobile Payment Lösung, gefolgt von geringen Kosten und der Kostenkontrolle, sowie der allgemeinen Usability und Convenience. Ebenso empfanden knapp 74% der befragten Personen, die Verbreitung und Akzeptanz des neuen Zahlungssystems als wichtig. Selbst die internationale Nutzung des Zahlungssystems ist für fast 50% der befragten Personen ein wichtiger Punkt.

Interessant dürfte in diesem Zusammenhang für Händler und PSPs der Faktor des Datenschutzes sein, der hier den Konsumenten am wichtigsten scheint. Denn in weiterer Folge zielt die Einführung und Nutzung einer Proximity Mobile Payment Lösung darauf ab, Kundenanforderungen und Einkaufgewohnheiten für Marktforschungszwecke und Kundenbindungsmaßnahmen zu nutzen.[97] Im Jahr 2002 wurde im Rahmen einer Studie der Universität Augsburg eine ähnliche Befragung durchgeführt, damals bezog sich die Befragung auf den gesamten Mobile Payment Bereich. Hervorzuheben ist dabei, dass beide Studien, obwohl hier die Dauer der Befragungen 6 Jahre auseinanderliegen, sich sehr ähneln.

---

[96] Quelle: KPMG & ECC Studie, 2010
* Angaben in %, n=1.000
[97] Vgl. DB-Research Studie, 2012

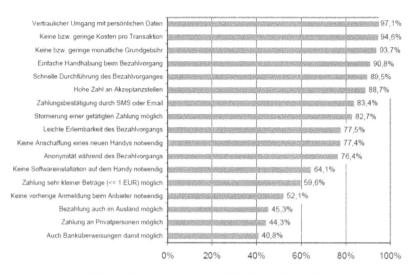

Abbildung 14: Anforderungen an ein Mobile Payment System (2) [98]

Neben den Anforderungen der Konsumenten an eine Mobile Payment-Lösung selbst, ist ebenso das Vertrauen in den jeweiligen Service Provider ein kritischer Erfolgsfaktor. Hat ein Konsument kein Vertrauen in den jeweiligen Anbieter, wird keine noch so gute Mobile Payment Lösung den gewünschten Erfolg bringen. Eine Studie der Steinbeis Universität Berlin aus dem Jahr 2012 befasste sich mit der Frage, welchen Mobile-Payment Anbieter Konsumenten bevorzugen würden.

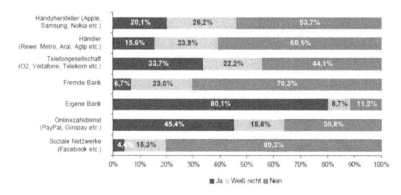

Abbildung 15: Gewünschter Anbieter für Mobile Payment [99]

---

[98] Quelle: Eisenmann et al., 2004, S.56
[99] Quelle: Steinbeis-Research, 2012

Das klare Ergebnis aus dieser Studie zeigt, dass über 80% der befragten Personen eine Lösung der eigenen Bank bevorzugen, weit dahinter reihen sich Onlinebezahldienste, sowie MNOs mit 45,4% bzw. 33,7%. Ausgehend von der gezeigten Studie werden Gerätehersteller, obwohl diese eine wichtige Gruppe der Marktteilnehmer im Mobile Payment Ökosystem darstellen, wohl eher weniger als Payment Service Provider in Frage kommen. Unterstützt wird diese Annahme durch eine weitere Studie von KPMG und ECC, in der Banken, Payment-Anbieter und Kreditkartengesellschaften das höchste Vertrauen der Konsumenten genießen. Geräteherstellern, sowie Third-Party Anbietern wird nur ein sehr geringes Vertrauen entgegengebracht.

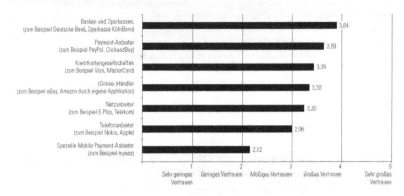

Abbildung 16: Gewünschter Anbieter für Mobile Payment (2) [100]

Angesichts der technologischen Möglichkeiten und der starken Marktdurchdringung der Smartphones, könnte Proximity Mobile Payment einen Paradigmenwechsel im gesamten Payment-Bereich erreichen. Ähnlich wie bei Smartphones in Verbindung mit der Nutzung verschiedensten Applikationen, könnte auch Mobile Proximity Payment eine neue Art der User Experience[101] schaffen. Studien zeigen, dass eine sehr hohe Anzahl der Smartphone-Nutzer die Bereitschaft zeigt, Zahlungen mittels Mobile Payment Lösung zu tätigen.

---

[100] Quelle: KMPG & ECC Studie, 2010
[101] User Experience (UX) ist das Nutzungserlebnis oder Anwendererlebnis bezogen auf die Interaktion mit einem Produkt (einer Software-Anwendung), Vgl. Hassenzahl et al., 2009, S.233

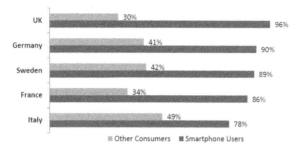

Abbildung 17: Erwartete Nutzung von Mobile Payment Lösungen [102]

Diese Studie von Aité & ACI zeigt den prozentuellen Anteil der europäischen Konsumenten, die erwarten, in den nächsten sechs Monaten eine Zahlung mittels Mobile-Payment-Lösung zu tätigen. Dies unterstreicht die Annahme, dass Smartphones, in Verbindung mit innovativen Mobile Payment Applikationen, durchaus einen Erfolg erzielen können. Es setzt jedoch voraus, dass der Bereich des Mobile Payments auch einen gewissen Bekanntheitsgrad im europäischen Raum aufweist.

Aktuelle Studien haben aber ergeben, dass die Möglichkeit, an physischen POS mittels Mobiltelefon zu bezahlen, entweder einen sehr geringen Bekanntheitsgrad aufweist, oder Akzeptanzkriterien wie Datenschutz und Sicherheit sehr kritisch hinterfragt werden.

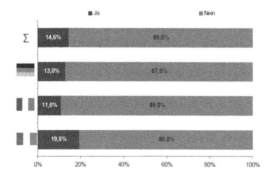

Abbildung 18: Bekanntheit Bezahlung Smartphone [103]

Laut dieser Studie des Research Centers der Steinbeis Universität in Berlin aus dem Jahr 2012, haben nur 14,5% der befragten Personen aus den Ländern Deutschland, Frankreich und Italien Kenntnis davon, mit einem Mobiltelefon bezahlen zu können. Somit liegt

---

[102] Quelle: Aité & ACI Studie, 2012
[103] Quelle: Steinbeis-Research, 2012

es primär an den Payment Service Providern und sekundär an den Geräteherstellern nicht nur den Markt aus technischer Sicht zu sättigen, sondern auch die Technologie selbst bekannter zu machen.

4.4 Analyse der eingesetzten Technologien

Auf Basis der Anforderungen an eine PMP-Lösung am europäischen Markt, werden nun die verschiedenen, im Proximity Mobile Payment eingesetzten Technologien analysiert und miteinander verglichen.

4.4.1 NFC Technologie

Die NFC-Technologie ist wohl die bekannteste Lösung am Proximity Mobile Payment Sektor. Bereits vor 10 Jahren wurde versucht NFC im Rahmen von Mobile Payment marktreif zu machen, Hauptgründe des Misserfolges waren die damals kaum verfügbaren NFC-tauglichen Mobiletelefone, die fehlende Akzeptanz der Kunden und der nicht vorhandene Sektor der Smartphones.[104] [105] Nun hat sich hinsichtlich dieser Faktoren die mobile Welt grundlegend geändert. Ein guter Grund für die Unterstützer dieser Technologie zu versuchen, NFC wiederholt marktreif zu machen.

NFC bietet im Bereich des Proximity Mobile Payments den derzeit höchsten Grad der Standardisierung. NFC Module sind nicht nur ISO-zertifiziert, sondern finden auch Unterstützung seitens zahlreicher, internationaler Initiativen.[106] Laut Gartner entwickelt sich die NFC Technologie in den nächsten 5-10 Jahren zu einem produktiven Bezahlsystem.[107] Es wird erwartet, dass in den nächsten 12 Monaten viele größere Mobilfunkbetreiber und Finanzdienstleister ebenfalls mit der Verwendung und Bereitstellung der NFC Technologie beginnen werden. Wichtigstes Ziel dabei ist es, den Markt der NFC Nutzung zu vergrößern, bzw. diesen überhaupt erst zu schaffen.[108]

Fakt ist, dass sich durch die Bezahlung mit NFC-fähigen Mobiltelefonen, die Durchlaufzeit an den Kassen erheblich verkürzt. Ebenso erspart sich der Kunde das Mitnehmen von Rabattgutscheinen und Bonuskarten, diese lassen sich problemlos in ein NFC-fähiges Mobiltelefon integrieren. Der Kunde muss lediglich sein Mobiltelefon an das NFC Terminal halten und automatisch werden Transaktionen durchgeführt, Rabatte abgezogen und Bonuspunkte gutgeschrieben.

---

[104] Vgl. Steinbeis-Research, 2012
[105] Vgl. Mobey Forum, 2011
[106] Vgl. Kaymaz, 2011, S.49ff
[107] Vgl. Gartner Newsroom, 2012b
[108] Vgl. Gurrola, Vice President Orange Mobile, 2011

Eine derartige Vereinfachung in einem Bezahlprozess ruft natürlich auch Fragen hinsichtlich Sicherheit und Datenschutz auf. Da die NFC Technologie aus einer Hardware- und aus einer Softwarekomponente besteht, ist der Sicherheitsstandard vergleichbar mit dem einer Bank- oder Kreditkarte. Ebenfalls erfolgt die Speicherung der Daten lokal auf einem gesicherten Chip und nicht wie bei QR- und Cloud-Lösung auf einem Server. Zusätzlich sind bei jeder Mobile Payment Lösung die Installation einer mobilen Applikation auf dem Endgerät, sowie eine Registrierung bei dem jeweiligen Anbieter erforderlich, um die einzelnen Konten und Zusatzfunktionen verwalten zu können. Hier hat der Benutzer ebenso die Möglichkeit, seine Transaktionen zusätzlich mit einer PIN oder einem Passwort zu schützen.[109]

Obwohl die Bezahlung per NFC-Chip demnach als sicher gilt, treten seitens der Medien und potentiellen Konsumenten immer wieder Unsicherheiten auf. Dies betrifft vorwiegend die unautorisierte Transaktion. Ein denkbares Szenario ist eine Fahrt mit einem öffentlichen Verkehrsmittel - da die NFC-Chips auf kontaktloser Funktechnologie basieren, könnte ein NFC-Lesegerät in unmittelbarer Nähe des NFC-Chips eine unautorisierte Zahlung auslösen. In der Praxis ist dieser Fall aber denkbar unwahrscheinlich, denn für die Abbuchung eines Betrages wird eine speziell vergebene Händlerlizenz mit den dazugehörigen Zertifikaten benötigt, ohne diese ist eine Abbuchung nicht möglich.[110]

4.4.2 Cloud-basierende Lösung

Wie schon im Kapitel 3.2.2 beschrieben, nutzt diese Technologie rein die Funktion des mobilen Internets auf einem mobilen Endgerät. Dies kann wiederum mittels dem 3G-Netz des Mobilfunkbetreibers, oder einem stationären W-LAN mit Internetzugang geschehen. Cloud-basierende Lösungen sind im Gegensatz zu NFC Zahlung sehr facettenreich. Sie bieten verschiedene Möglichkeiten der Autorisierung vor Ort, die fehlende Standardisierung im Bezahlverlauf lässt hier eine Vielzahl an verschiedenen Bezahlschritten zu. Der große Vorteil der Cloud-Technologie, im Vergleich zur NFC-Lösung, ist die hohe Verfügbarkeit, denn es müssen weder Kunden noch Händler mit neuer Hardware ausgestattet werden, um das Bezahlsystem zu nutzen. Es erfordert lediglich ein Smartphone mit Mobile-Web Zugang und eine angepasste Software bei den bestehenden Terminals seitens der Händler.

Dem gegenüber stehen Nachteile im Bezahlvorgang, denn die Autorisierung und Eingabe einer PIN ist bei jedem Einkauf erforderlich. Die Bezahlung umfasst somit mehr Schritte und dauert durch die einzelnen Benutzereingaben definitiv länger als bei NFC-Zahlungen – bei schwacher Datenverbindung könnte sich dies weiter verzögern. Ohne zusätzliche

---

[109] Vgl. Smart Card Alliance Studie, 2011
[110] Vgl. Büllinger et al., 2012, S.43

Hardware wird dieser Nachteil aber auch schwer zu überwinden sein.[111] Ein weiterer Schwachpunkt der Cloud-basierenden Zahlungssysteme ist die serverseitige Speicherung der Daten, somit sind Cloud-Payment Systeme genauso angreifbar für Hacker, wie herkömmliche Daten-Cloud Systeme. Kreditkarteninstitute reagieren daher mit höheren Transaktionssteuern, im Schnitt liegen diese 70% über den herkömmlichen Gebühren bei Präsenzgeschäften.[112]

Eine der größten Befürworter dieser Technologie ist der Onlinebezahldienst PayPal, der seine Bezahlverfahren aus dem Remote-Payment Bereich an den Offline-Bereich angepasst hat. In den USA und Japan konnten mit dieser Technologie bereits erste Erfolge verbucht werden, in Europa sind derzeit kaum Geschäftsmodelle zu finden, die rein auf der Cloud-Technologie basieren.

4.4.3 QR-Code

Betrachtet man den europäischen Mobile Payment Markt, so sind die Verfahren in denen die QR-Code Technologie eingesetzt wird, eher im Remote-Payment vertreten. Ein bekannter Anbieter am europäischen Markt ist der Onlinezahldienst PayPal, der mit seiner Lösung „QR-Shopping" eine für die Masse zugängliche Mobile Payment Lösung bereitstellt. Diese Art der Bezahlung benötigt einen kundeneigenen PayPal Account, welcher entweder mit der eigenen Kreditkarte verbunden, oder mittels Prepaid Methode aufgeladen werden kann. Teilnehmende Händler bieten nun beispielsweise in ihren Schaufenstern an den POS Produkte an und kennzeichnen diese zusätzlich mit einem QR-Code. Der PayPal Kunden kann nun mit der QR-Shopping App den Code scannen und sich nach Eingabe seines PINs und Bestätigung der Händler-AGBs, das jeweilige Produkt nach Hause senden lassen.[113]

Wendet man nun diese Funktionsweise im Proximity Payment an, so muss der Kunde nach seinem Einkauf, an der Kasse einen vom Händler generierten QR-Code scannen. Dies setzt jedoch voraus, dass der Händler die notwendige Hardware (Display, Scaneinheit) bereitstellt, da ansonsten ein Ausdruck des QR-Codes notwendig wäre. Der Kunde nimmt somit sein mobiles Endgerät, startet die App und scannt den bereitgestellten Code. Dies erfordert natürlich eine aktive Internetverbindung, denn ansonsten kann die Software weder den QR-Code entschlüsseln, noch dessen Echtheit prüfen. Ist dies geschehen, wird der Kunde aufgefordert die Bezahlung zu bestätigen, anschließend erfolgt die Eingabe eines 4-stelligen PINs, damit die Transaktion auch tatsächlich als sicher gilt. Damit ist die Transaktion beendet und der Kunde erhält seine Ware.

---

[111] Vgl. TSYS Whitepaper, 2012
[112] Vgl. Narendra Siva, CEO Tyfone, 2012
[113] Vgl. PayPal, "QR-Code-Shopping"

Analysiert man nun den gesamten Ablauf der Bezahlung, so stellt sich die Frage ob mit dieser Methode ein Mehrwert für Kunden und Händler gegeben ist. Denn alleine die zeitliche Komponente übersteigt jede der bereits existierenden Zahlungsmethoden, egal ob Bargeld oder Kartenzahlung. Gegenwärtig existieren gerade im deutschsprachigen Raum mehrere Unternehmen die QR-Code Zahlungen anbieten (PayPal, SQwallet, Skimm, Paydiant,...) und sich alle, wegen fehlender Standardisierung, geringfügig vom dargestellten Szenario unterscheiden. Die Hauptfaktoren, wie die aktive und sichere Internetverbindung, sowie die Authentifizierung- und Sicherheitskomponente, sind aber bei allen Lösungen unumgänglich.

Ebenso existieren, basierend auf der QR-Code Technologie, einige Insellösungen. Im US-amerikanischen Raum bietet beispielsweise Starbucks eine derartige Lösung an. Mittels Kundenkonto kann hier ähnlich wie bei PayPal, mit einer App ein QR-Code gescannt werden, mit dem die Transaktion durchgeführt wird. Natürlich ist diese Funktion begrenzt auf das Filialnetz des Unternehmens. Starbucks kennt dadurch sämtliche Präferenzen seiner Kunden und kann diese in Marketingaktivitäten umsetzen.[114] Grundsätzlich gestaltet sich eine solche Lösung als wertschöpfend und ist für ein Unternehmen mit einer gewissen Marktpräsenz durchaus vorstellbar, dennoch ist es für die Konsumenten unzumutbar, für jede Insellösung eine eigene App, mit wahrscheinlich unterschiedlichen Bezahlabläufen, zu nutzen.

Probleme entstehen bei Verwendung der QR-Code Technologie ebenso in der Darstellung der visuellen Komponente, also dem Code selbst. Denn abhängig von äußeren Einflüssen, wie Sonnenlicht oder zu dunkel eingestellte Displays, kann es sein, dass der Code nicht mehr gelesen werden kann, oder der Kassier am POS das Mobiltelefon des Kunden in die Hand nehmen muss.[115] In puncto Schnelligkeit, Verfügbarkeit, Convenience und Standardisierung wird es somit schwierig für die QR-Code Technologie, sich am europäischen Massenmarkt gegen die NFC-Technologie durchzusetzen.

4.4.4 SMS-Payment

Die Bezahlung per SMS ist die älteste Methode um mit einem mobilen Endgerät im Offline Handel an Automaten oder bei Händlern zu bezahlen. Wie schon im Kapitel 3.2.4 erwähnt, basiert die Bezahlung per SMS an stationären Point of Sales auf der GSM Technologie. Es erfordert somit die minimalste Anforderung an ein mobiles Endgerät, weder mobiles Internet, noch Kamera oder NFC-Chip sind bei dieser Art der Bezahlung notwendig. Diese Tatsache ist vor allem im C2C Bereich in Entwicklungsländern ein klarer Erfolgsfaktor. Durch die schlechte Bankeninfrastruktur in jenen Ländern, ist diese Art der

---

[114] Vgl. Starbucks, Mobile Payment
[115] Vgl, Smart Card Alliance Studie, 2011

mobilen Zahlung oft die einzige Möglichkeit, um Geld zwischen zwei Personen zu transferieren.

In Industriestaaten, wie sie im Großteil von Europa anzutreffen sind, ist das SMS-Payment rückläufig. Zwar sind Anbieter, wie beispielsweise Paybox in Deutschland und Österreich, noch sehr präsent beim Kauf von Tickets, Fahrkarten und Parkscheinen, dennoch wird diese Art der Bezahlung über kurz oder lang von einer weiterentwickelten Lösung abgelöst werden. SMS-Payments bieten Vorteile in ihrer Einfachheit und Abrechnungsmöglichkeit für den Kunden, der Innovationsgrad geht bei dieser Lösung aber gegen Null. Abgesehen davon, dass SMS-Payments nicht in Echtzeit ablaufen, sondern abhängig vom GSM Netz einige Zeit in Anspruch nehmen können, ist der Einsatz von Zusatzfunktionen für Kunden und Händler kaum möglich.[116]

4.5 Vergleich der Technologien

Die verschiedenen Technologien weisen alle ihre Vor- und Nachteile auf. Nachfolgend werden, der Vollständigkeit halber, die einzelnen Technologien anhand einzelner Eigenschaften bewertet und miteinander verglichen.

	NFC aktiv	NFC passiv	QR-Code	SMS	Cloud
Zuverlässigkeit am POS	Ja	Ja	Nein	Nein	Nein
Sicherheit	Ja, durch SE und PIN	Ja, durch SE und PIN	Ja, durch PIN/Passwort	Nein	Ja, durch Passwort
Usability/Convenience	Hoch	Hoch	Mittel	Niedrig	Mittel
Zusatzfunktionen integrierbar	Ja	Nein	Ja	Nein	Ja
Derzeitige Akzeptanz in Europa	Niedrig	Mittel	Mittel	Mittel	Mittel
Direkte Wallet Funktion	Ja	Nein	Ja	Nein	Ja
Geschwindigkeit	Schnell	Schnell	Langsam	Langsam	Langsam
Verfügbarkeit der Technologie	Kaum verfügbar	Teilweise verfügbar	Verfügbar	Verfügbar	Verfügbar
Speicherung der Daten	Lokal	Lokal	Server	-	Server
Implementierungskosten für Händler	Mittel	Mittel	Hoch	Gering	Gering
Datenverbindung/GSM Netz notwendig	Nein	Nein	Ja	Ja	Ja
Lernkurve des Konsumenten	Niedrig	Niedrig	Hoch	Mittel	Hoch
Funktion ohne eigener Stromversorgung	Ja	Ja	Nein	Nein	Nein
Verwaltung mehrerer Konten möglich	Ja	Nein	Ja	Nein	Ja

Tabelle 2: Vergleich der Proximity Mobile Payment Technologien

---

[116] Vgl. Kaymaz, 2011, S.34

Der Vergleich gibt einige nützliche Aufschlüsse in Bezug auf die verwendbare Technologie. Hier kommt zum Vorschein, dass derzeit nur die NFC Technologie die Möglichkeit besitzt, die klassische Geldbörse tatsächlich zu ersetzen. Cloud-, QR- und SMS-Technologie sind jeweils abhängig von einer unabhängigen Stromquelle und einer GSM-, oder mobilen Datenverbindung. Befindet sich ein Point of Sale im Untergeschoss eines Einkaufszentrums und steht kein W-LAN zur Verfügung, oder ist der Akku des mobilen Endgeräts verbraucht, so ist eine Zahlung mit diesen drei Technologien nicht mehr möglich. Das Mitführen einer Geldbörse bleibt einem hier nicht erspart. Die NFC Technologie, ob nun aktiv oder passiv, funktioniert auch ohne Stromquelle oder GSM/Datenverbindung, denn der aktive NFC Chip im Mobiltelefon ist auch bei einem verbrauchten Akku noch nutzbar.[117]

Cloud-, sowie QR-Code Zahlungen setzen außerdem voraus, dass der Konsument seine Zahlungsgewohnheit an der Kassa ändern muss. Die NFC Lösung unterscheidet sich nur sehr gering zur schon weit verbreiteten Kartenzahlung, anstatt die Magnetstreifenkarte in das Terminal zu stecken, wird das Mobiltelefon zu eben diesem Terminal gehalten. Auch für das Kassenpersonal bedeutet dies kein zusätzliches Training.

Daten werden beim Einsatz der NFC Technologie lokal gespeichert, dies beinhaltet den Einsatz eines Secure Elements (SE), der ähnlich, wie bei den Kredit- und Bankkarten eingesetzten EMV Chips, die Daten gegen Veränderung und Manipulation schützt. Weiters ist es durch den Einsatz des Secure Elements möglich, die PIN Prüfung ohne eine bestehende Datenverbindung durchzuführen.[118]

Cloud-Payment Lösungen haben ihre Wurzel im E- und M-Commerce, bei Remote-Zahlungen in mobilen Onlineshops haben sich diese Lösungen bereits erfolgreich etabliert.[119] Die Adaptierung in die „Offline-Welt", bei gleichzeitiger Schaffung von Kundennutzen, wie Vereinfachung und Beschleunigung des Zahlvorgangs, ist bis dato nicht gelungen. Derzeit existiert kaum ein Cloud-Payment Konzept, welches sich nahtlos in eine stationäre POS Infrastruktur eingliedern ließe.[120]

Abschließend lässt sich somit behaupten, dass sich im europäischen Raum wohl die NFC-Technologie durchsetzen wird. Die im Technologie-Vergleich genannten Fakten tragen sicherlich dazu bei, ein weiterer klarer Vorteil sind die bereits sehr zahlreichen Unterstützer und Forcierenden dieser Art der Bezahlung. Unternehmen wie REWE, Spar, Coop, Migros, Google, VISA, MasterCard (inkl. Maestro), Vodafone, Telefonica, T-Mobile

---

[117] Vgl. BITKOM, 2013
[118] Vgl. Smart Card Alliance Studie, 2012
[119] Vgl. BITKOM, 2013
[120] Vgl. TSYS Whitepaper, 2012

und Orange sind nur ein Teil der zahlreichen Befürworter.[121] Ebenso ist im Vergleich zu den drei Alternativtechnologien, einzig die NFC-Lösung für den internationalen Einsatz möglich, da hier eine Datenverbindung seitens des Konsumenten nicht zwingend erforderlich ist. Cloud-, QR-Code- und SMS-Technologie müssten im Ausland, während einer Transaktion, auf Daten-Roaming oder ein fremdes GSM Netz zugreifen, was empfindliche Mehrkosten mit sich bringen würde. Um dies zu lösen müssten europaweit alle Mobilfunkbetreiber eine gemeinsame Kooperation anstreben. Dieses Szenario erscheint aus heutiger Sicht als sehr unwahrscheinlich.

Die derzeit noch sehr limitierte Anzahl an NFC-fähigen Smartphones und die Ausrüstung der POS mit NFC-Terminals sind Gründe dafür, dass die flächendeckende Einführung der NFC-Technologie wohl noch einige Monate in Anspruch nehmen wird.

4.6 NFC-Brückentechnologien

Wie schon zuvor erwähnt, existieren im Bereich der NFC-Technologie bereits Ansätze um die Wartezeit auf NFC-fähige Smartphones zu verkürzen. Diese Lösungen sind zum einen erste Pilotprojekte, um Erfahrungen mit der NFC Technologie zu sammeln und zum anderen dienen diese Lösungen dazu, die Konsumenten an die neue Art der Bezahlung zu gewöhnen.[122] Nun werden hierfür Kredit- Bank- und sogar SIM-Karten mit der NFC-Technologie ausgestattet. Auch wenn die Integration eines NFC-Chips in eine Bank- oder Kreditkarte kein Mobile Payment im klassischen Sinn ist, so ist der Einsatz dieser Bezahlform dennoch eine wichtige Vorstufe in der Entwicklung des Proximity Mobile Payment Marktes.[123] Ob diese Bezahlform nun wirklich dazu führt, dass der Kunde so einen erleichterten Übergang zur Bezahlung mit NFC-fähigen Smartphones findet, ist fraglich, denn diese Technologie birgt einige Tücken in sich.

Momentan sind Bezahlungen per passiven NFC Chip, jener der in Bank- und Kreditkarten verbaut ist, mit einigen sicherheitstechnischen Regelungen behaftet. Abhängig vom Bereitsteller der Karte, sind Bezahlungen zwischen 20-25€ ohne PIN-Eingabe möglich. Derzeit ist dieses Bezahlmodell noch dahingehend abgesichert, dass ebenfalls abhängig vom bereitstellenden Finanzinstitut, bei allen 4-5 Bezahlvorgängen zusätzlich eine PIN-Eingabe notwendig ist. Dies hat den Hintergrund, dass bei Verlust der Brieftasche, ein maximaler monetärer Schaden von 100-125€ zustande kommen kann.[124]

Probleme treten nun auf, wenn ein Kunde mehr als nur eine NFC-fähige Karte besitzt. Befinden sich nun Firmenkreditkarte und Privatkreditkarte in einer Geldbörse, so kann

---

[121] Vgl. Jeweiliger Webauftritt der Unternehmen
[122] Vgl. Büllinger et al., 2012, S.41
[123] Vgl. Büllinger et al., 2012, S.51
[124] Vgl. Weber, t3n.de, 2013

nicht gesteuert werden, welche Karte beim Hinhalten der Geldbörse an das NFC-Terminal verwendet wird. Noch kritischer zu betrachten ist die besagte PIN-Eingabe bei allen 4-5 Bezahlvorgängen. Das als Sicherheitsfaktor gedachte Element wird hier zum Problem, denn woher soll der Kunde wissen, welche seiner Karten nun aktiviert wurde, die Eingabe des richtigen PINs ist somit nicht eindeutig möglich. Ebenfalls ist es möglich, dass mehrere Karten dasselbe Kommunikationsprotokoll verwenden, hier kann das NFC-Terminal die Karten nicht richtig zuordnen und bricht die Transaktion ab, es kommt zu keiner Bezahlung. Weitere Probleme entwickeln sich in der Gewohnheit der Kunden, legen diese ihre Geldbörse während der Bezahlung an der Kassa zu nahe an das NFC Terminal, kann hier eine Buchung erfolgen, ohne dass der Kunde diese Art der Zahlung nutzen wollte.[125]

Das Ziel der Brückentechnologie ist es als NFC-Enabler zu fungieren und die Weichen für künftige NFC Bezahlungen zu stellen. Falsch eingesetzt, könnte diese Art der Bezahlung aber genau das Gegenteil bewirken.

4.7 Mobile Wallet

Im Zuge dieser Arbeit wird mehrfach der Begriff Mobile Wallet verwendet. Die Definition eines Mobile Wallets umfasst eine Softwarelösung – im Falle eines Smartphones eine sogenannte App, die es ermöglicht Zusatzfunktionen zum herkömmlichen Prozess der Bezahlung zu ermöglichen.

So können beispielsweise in Mobile Wallets mehrere Konten angelegt werden, somit ist die Nutzung verschiedener virtueller Bank-, Kredit-, oder Onlinezahldienst-Konten in nur einem Gerät und einer Software-Lösung möglich. Ebenfalls können so Bonuskarten und Rabattfunktionen in die Anwendung integriert werden, kaum verwunderlich also, dass sich im Proximity Mobile Payment der Trend klar hin zu einem Mobile Wallet entwickelt, denn durch sie wird eine Brücke zwischen Mobile Commerce und stationärem Handel geschaffen.[126] [127] [128]

4.8 Analyse der im PMP vertretenen Geschäftsmodelle

Auf Basis der Anforderungen an eine MP-Lösung am europäischen Markt, werden nun die verschiedenen, im Proximity Mobile Payment eingesetzten, Geschäftsmodelle analysiert und miteinander verglichen.

---

[125] Vgl. Roland, NFC Research Lab Hagenberg, 2013
[126] Vgl. Lammer, 2007, S.75
[127] Vgl. Van Tilborg et al., 2011, S.789
[128] Vgl. Büllinger et al., 2012, S.51

4.8.1 MNO-based Model

Für MNOs ergibt sich durch die Bereitstellung von Bezahldiensten ein Paradigmenwechsel. Nicht nur die Abweichung zur eigentlichen Kernkompetenz dieser Unternehmen, sondern auch die Bereitstellung der Hardware an POS (z.b. NFC Lesegeräte), sowie der Aufbau einer Geschäftsbeziehung zu den Händlern dürfte schwierig werden. Die Aufgabe von Mobilfunkbetreiber ist die Bereitstellung eines Kommunikationsnetzwerkes, ein MNO-zentriertes Geschäftsmodell im Proximity Mobile Payment würde aber bedeuten, dass parallel dazu eine Transaktions-Infrastruktur aufgebaut werden muss.[129]

Wie im Kapitel 4.1.1 angemerkten „two sided market" ergibt sich hier die Herausforderung für MNOs, flächendeckend die Bezahlmöglichkeit zur Verfügung zu stellen, um eine kritische Masse an Kunden zu erreichen. Geht man davon aus, dass in jedem Land mindestens drei Mobilfunkbetreiber sich den Markt aufteilen und jeder dieser Anbieter eine Mobile Payment Lösung anbietet, so müssten Händler mehrere Systeme in ihren POS integrieren. Somit muss bei MNO zentrierten Modellen damit gerechnet werden, dass einzelne Mobilfunkbetreiber nicht die nötige Reichweite bereitstellen können. Eine Alternative wäre hier eine Partnerschaft zwischen den einzelnen MNOs. Dennoch würde sich eine internationale Nutzung nur sehr schwer realisieren lassen, denn viele MNOs sind nur national, oder bestenfalls in 5-10 Ländern vertreten.[130]

Natürlich besteht die Möglichkeit, dass ein MNO-Modell sich national erfolgreich durchsetzen kann, in diesem Fall bedeutet dies die Disintermediation der Finanzinstitute im Mobile Payment. Ebenso können MNOs in einem Kollaborationsmodell wichtige Partner sein, sie profitieren von ihrer engen Beziehung zu den Endkunden und haben Einfluss auf die Wahl der mobilen Endgeräte dieser.[131] [132] Für MNOs würde dies zu einem zweiten Standbein werden, denn der stark umkämpfte Mobilfunkmarkt in Europa lässt die Gewinne der Mobilfunkbetreiber sinken.[133]

4.8.2 Finance-based Model

Finanzinstitute verfügen bereits jetzt schon über die nötige Reichweite und Infrastruktur, um eine Mobile Payment Lösung flächendeckend einzusetzen. Ebenso sind die Finanzinstitute schon traditionell das Bindeglied zwischen Konsumenten und Händlern. Die Finanzdienstleister stehen nun vor einem ähnlichen Szenario wie schon in den frühen 90er Jahren, als die inzwischen etablierten bargeldlosen Kartenzahlungen erfolgreich in Euro-

---

[129] Vgl. Lammer, 2007, S.74ff
[130] Vgl. Europe MNO Directory, 2013
[131] Vgl. Smart Card Alliance Studie, 2008
[132] Vgl. Bierbaumer, Arbeitskreis NFC, WKO, 2013
[133] Vgl. DB-Research Studie, 2012

pa eingeführt wurden.[134] Ebenso genießen, laut Studien, Banken und Kreditkarteninstitute im Markt des Mobile Payments das höchste Kundenvertrauen, dieses gilt als eine der wichtigsten Erfolgsfaktoren bei der Einführung einer PMP-Lösung.

So gut sich die bestehenden Rahmenbedingungen des Finance-based Modells in das Konzept einer Proximity Mobile Payment Lösung eingliedert, umso größere Nachteile haben diese Art der Geschäftsmodelle hinsichtlich Innovation, Technologie und User Experience.[135] Ebenso sind Finanzinstitute bei Technologieeinsätzen wie NFC-Chips oft abhängig von den MNOs, denn diese geben standardmäßig ihre vertragsgebundenen mobilen Endgeräte nicht „unlocked" an die Konsumenten, sondern sperren und branden die Endgeräte auf den bereitstellenden MNO. Vorstellbar wäre hier, dass die MNOs die Nutzung des eingebauten NFC Chips ebenso einschränken könnten, dass dieser nur für die Verwendungszwecke des MNOs nutzbar ist. Für das finanzwirtschaftliche Modell würde dies zu einem erheblichen Problem werden, da sie von den Geräte- und Technologielieferanten abhängig sind und die Endgeräte zu einem Großteil über die Mobilfunkbetreiber vertrieben werden. Spätestens hier erweist es sich als mittel- und langfristig für sinnvoll, Kooperationen einzugehen.[136]

4.8.3 3rd Party Model

3rd Party Anbieter sind die Technologietreiber der Mobile Payment Branche. Zahlreiche innovative Lösungen werden hier oft von Mobile Payment Startups bereitgestellt. 3rd Party Modelle sind meist mit einer sehr komplexen Wertschöpfungskette konfrontiert, dies führt zu erhöhten Kosten für Händler die diese Services bereitstellen. Durch die Verknüpfung mehrerer Systeme entstehen hier meist zusätzliche Gebühren.[137] Dies bezieht sich jedoch nur auf eine flächendeckende und branchen- bzw. unternehmensübergreifende Nutzung eines solchen Systems. In einem geschlossenen System ist es sehr gut möglich, eine erfolgreiche 3rd-Party Lösung anzubieten. Bestes Beispiel dafür ist die amerikanische Coffee-Shop Kette Starbucks. Dessen eigene Payment Lösung auf QR-Code Basis, nutzen in den USA bereits 25% der Kunden und ersparen damit dem Unternehmen einen großen Teil der Finanztransaktionsgebühren.[138] Das Problem hierbei ist die fehlende Konnektivität zwischen den einzelnen 3rd-Party Anbietern. Somit gestaltet es sich als sehr unpraktisch dem Kunden gegenüber, wenn dieser für jeden einzelnen Anbieter unterschiedliche Applikationen mit möglicherweise unterschiedlichen Zahlungsabläufen und PINs nutzen muss.

---

[134] Vgl. King, 2012, S.340ff
[135] Vgl. Steinbeis-Research, 2012
[136] Vgl. Steinbeis-Research, 2012
[137] Vgl. Steinbeis-Research, 2012
[138] Vgl. Clay, Forbes.com, 2012

Probleme treten dabei auch beim entgegengebrachten Vertrauen seitens der Kunden auf. 3rd Party Anbieter genießen nicht annähernd das Vertrauen und die Akzeptanz, welche den Finanzinstituten entgegengebracht wird. Einzig Onlinebezahldienste wie PayPal, die dieses Vertrauen zu Konsumenten aufgebaut haben, könnten sich mit einer 3rd Party Lösung am Markt etablieren.[139]

Es gestaltet sich aber dennoch als sehr mühsam, langsam und kostenintensiv ein Händler-Netzwerk soweit aufzubauen, um damit eine kritische Masse an Kunden zu erreichen. PayPal hat dies in einigen Bereichen der Welt sehr gut vorexerziert, Beispiele hier sind die USA und der asiatische Raum, wo PayPal auch im Proximity-Bereich schon sehr erfolgreich seine verschiedenen Geschäftsmodelle in Verwendung hat. PayPal ist jedoch im Bereich der 3rd Party Anbieter alleine auf weiter Flur - es stellt sich die Frage, welcher weitere P2P Service Provider die Marktpräsenz und das Vertrauen aufweisen kann, welches sich PayPal in über 15 Jahren erarbeitet hat. Ebenso könnte man argumentieren, dass es sich bei PayPal nicht mehr um einen 3rd Party Anbieter handelt, da das Unternehmen seit 2007 eine Banklizenz für Europa innehält.[140] Gegenwärtig sind 3rd Party Modelle, ähnlich dem MNO Modell eher ungeeignet, um am europäischen Markt erfolgreich zu existieren.[141]

4.8.4 Collaboration-Model

Dieses Modell bietet aus Sicht der verteilten Kernkompetenzen das höchste Potential sich am Markt langfristig zu etablieren. Die Idee hinter einem Kollaborationsmodell ist, dass jeder der teilnehmenden Marktteilnehmer seine Kernkompetenz in dieses Modell miteinbringt. 3rd Party Anbieter stellen ihre Innovationen und technischen Lösungen zur Verfügung, Finanzinstitute die Zahlungs-Infrastruktur und MNOs ihre NFC-fähigen Geräte sowie die Kommunikationsnetzwerke. In diesem Modell gestaltet sich dadurch auch die Risikoverteilung aller Marktteilnehmer als sehr gering, denn keiner der Teilnehmer schwenkt außerhalb seiner Kernkompetenzen aus, dies bedeutet gleichzeitig eine maximale Sicherheit für Kunden und Händler.

Trotz des erhöhten Aufwandes für die beteiligten Unternehmen, ist dies das einzige der vier Geschäftsmodelle, das sich langfristig erfolgreich am Markt etablieren kann. Kollaborationsmodelle setzen voraus, dass entlang der gesamten Wertschöpfungskette im Mobile Payment, die Beteiligten zusammenarbeiten. Somit ist das Bestehen des Systems im Interesse aller Beteiligten und nicht wie bei den anderen drei Modellen, im Interesse des jeweiligen einzelnen Anbieters.[142]

---

[139] Vgl. Smart Card Alliance Studie, 2008
[140] Vgl. PayPal Pressemitteilung
[141] Vgl. Steinbeis-Research, 2012
[142] Vgl. Steinbeis-Research, 2012

Kollaborationsmodelle sind, wie der Name schon sagt, abhängig von der Zusammenarbeit mehrerer Parteien. Derzeit gestaltet sich die Realisierung eines solchen Modells noch als sehr herausfordernd, zu unterschiedlich sind die einzelnen Interessen der teilnehmenden Unternehmen. Momentan existieren zwei, für den Massenmarkt geeignete, Ausprägungen eines Kollaborationsmodelles:

1. Finance-MNO Kollaboration
    Als wahrscheinlichstes Modell gilt ein Kollaborationsmodell zwischen Banken und Mobilfunkbetreiber, da diese wie schon beschrieben, bei einer Proximity Mobile Payment Lösung voneinander abhängig sind. Ein kritischer Punkt betrifft hier die Gebührenverteilung, allgemein wird davon ausgegangen, dass in einem Finance-MNO Kollaborationsmodell die Gebühren für die Finanztransaktion den Banken zugesprochen werden, während der Mobilfunkbetreiber die Gebühren für die Bereitstellung der Anwendungen und Kommunikationsnetzwerke bekommt. Überraschend ist die Tatsache, dass in diesem Zusammenhang Finanzinstitute und MNOs den Einsatz eines TSM befürworten, denn dadurch entfällt ein Gebührenanteil der beiden Teilnehmer. [143] [144]

2. Open Alliance Modell
    Anders als beim Kollaborationsmodell zwischen Finanzinstituten und MNOs, sind hier beinahe alle Marktteilnehmergruppen involviert. Finanzinstitute, MNOs, O-EMs, 3rd Party Anbieter und die Händler selbst, stellen bei dieser Lösung über eine standardisierte Plattform ihr Portfolio bereit. Auch hier übernimmt der TSM die Koordination und Integration. [145]

Das Open Alliance Modell bietet demnach das größte Potential, eine standardisierte Plattform zu erschaffen, an der alle Marktteilnehmer gleichermaßen teilnehmen können. Langfristige Risiken würden hier reduziert werden und neue Innovationen könnten schnell umgesetzt werden. Dennoch ist der Markt in Europa noch sehr weit entfernt von einer gemeinsamen standardisierten Plattform. Denn dieser Ansatz erfordert ein reibungsloses Zusammenspiel zwischen den einzelnen zusammenarbeitenden Parteien. [146]

Zahlreiche Partnerschaften zwischen Finanzinstituten und Einzelhändlern wurden in den letzten Monaten angekündigt, ebenso wie Kooperationen zwischen Banken und Mobilfunkbetreibern. [147] Interessanterweise entwickelt sich der Markt sogar dahingehend, dass

---

[143] Vgl. Smart Card Alliance Studie, 2008
[144] Vgl. Openshaw, Shniderman, Financial Times, 2013
[145] Vgl. Openshaw, Shniderman, Financial Times, 2013
[146] Vgl. Innopay & Paypers Studie, 2013
[147] Vgl. DB-Research Studie, 2012

einige Geschäftsmodelle der Finanzinstitute die Mobilfunkbetreiber ganz außen vor lassen und direkt Kooperationen mit großen Smartphone-Herstellern eingehen. Wie hier die MNOs entgegensteuern werden, bleibt abzuwarten.[148] Einige Finanzinstitute, wie zum Beispiel MasterCard, ermöglichen den Zugang zu ihrem Zahlungsnetzwerk mittels standardisierter und offener APIs, diese ermöglicht die Entwicklung von mobilen Applikationen für Drittanbieter.[149]

Wie hier zu erkennen ist, scheint derzeit eine Zusammenarbeit mit einem Finanzinstitut fast unumgänglich, um sich erfolgreich am Markt zu etablieren. Andere Kooperationen finden eher in geschlossenen Systemen, wie Automatenzahlungen oder bei Bezahlungen von Parktickets Verbreitung. Aus heutiger Sicht wird es wohl kaum möglich sein, bei einer europaweit erfolgreichen Proximity Mobile Payment Lösung die Banken-Infrastruktur zu umgehen, immerhin haben diese Milliarden von Euro investiert um hier eine globale Zahlungsinfrastruktur aufzubauen.[150]

4.9 Vergleich der Geschäftsmodelle

Die verschiedenen Geschäftsmodelle weisen alle ihre Vor- und Nachteile auf. Dennoch hat die Analyse ergeben, dass sich nur 2 Geschäftsmodelle im Proximity Mobile Payment für den europäischen Markt eignen. Dies sind das Finance- und das Collaboration Model. Nachfolgend werden die einzelnen Modelle anhand einzelner Eigenschaften bewertet und miteinander verglichen.

	Finance-based Model	MNO-based Model	Collaboration-Model	P2P-Model (3rd Party)
Kundenvertrauen	Hoch	Mittel	Hoch	Niedrig
Verbreitung	Hoch	Mittel	Mittel	Niedrig
Existierende Infrastruktur	Ja	Nein	Ja	Nein
Innovationsgrad	Niedrig	Niedrig	Mittel-Hoch*	Hoch
Derzeitige Marktakzeptanz	Hoch	Mittel	Hoch	Niedrig
Kosten für Kunden	-	-	-	-
Sicherheit	Hoch	Mittel	Hoch	Niedrig
Kundenbeziehung	Hoch	Hoch	Hoch	Mittel
Zahlungssicherheit	Hoch	Mittel	Hoch	Niedrig
europaweit einsetzbar	Ja	Nein	Ja	Nein
Kosten für Händler	Hoch	Hoch	Hoch	Niedrig

Tabelle 3: Vergleich der im PMP eingesetzten Geschäftsmodelle

---

[148] Vgl. Linsenbarth, TARGO IT, 2013
[149] Vgl. DB-Research Studie, 2012
[150] Vgl. Rashid Qajar, CEO Telsecure, 2007
* Abhängig vom jeweiligen Kollaborationsmodell

5 Maßnahmen und Erfolgsfaktoren

Die Erkenntnisse aus Kapitel 4 haben gezeigt, dass zu einer ganzheitlichen Mobile-Payment Strategie, eine Vielzahl an Rahmenbedingungen und Erfolgsfaktoren erfüllte werden müssen, um am Markt erfolgreich auftreten zu können. Neben den Geschäftsmodellen und der technologischen Basis, betrifft dies vor allem markt- und produktseitige Erfolgsfaktoren und die damit verbundenen Maßnahmen.

5.1 Geschäftsmodelle und technologische Basis

Die definierten Anforderungen und Ergebnisse der einzelnen Analysen in dieser Arbeit ergaben, dass lediglich zwei der vier Geschäftsmodelle die Anforderungen einer europaweiten Einführung von Proximity Mobile Payment erfüllen:

- Das Kollaborationsmodell, sowie
- das finanzwirtschaftliche Modell

Während kurzfristig eher das finanzwirtschaftliche Modell das notwendige Potential aufweist, um als Mobile Payment Lösung an stationären POS Fuß zu fassen, werden mittel- und langfristig einige Kollaborationsmodelle am europäischen Markt zu finden sein.[151]

Ebenso hat sich im Kapitel 4 gezeigt, dass am europäischen Markt des Proximity Mobile Payments, die NFC-Technologie signifikante Wettbewerbsvorteile gegenüber Cloud- und QR-Code Technologie aufweist. Auch wenn diese Technologie gegenwärtig eine eher geringe Verbreitung aufweist, erhöht sich mit der steigenden Anzahl und Weiterentwicklung der Smartphones auch die Verfügbarkeit der NFC-Technologie.

Die Einführung umfasst aber neben dem richtigen Geschäftsmodell und der richtigen Technologie, auch einige Erfolgsfaktoren und folglich deren Maßnahmen. Diese werden nun, ebenfalls basierend auf den Analysen und Anforderungen, aufgelistet und beschrieben:

5.2 Marktseitige Erfolgsfaktoren

1. Erreichung der kritischen Masse
   Die kritische Masse ist die Grundvoraussetzung, um Proximity Mobile Payment am Markt erfolgreich einzuführen. Ohne eine kritische Masse an Nutzern, kann sich kein Erfolg der Bezahllösung einstellen. Um diese kritische Masse zu erreichen, muss dabei ein weiterer Faktor berücksichtigt werden:

---

[151] Vgl. Steinbeis-Research, 2012

- Überwindung „Henne-Ei Problem"
  Kunden und Händler müssen gleichermaßen mit den neuen Bezahlverfahren und Technologien vertraut gemacht werden. Die Erfahrung hat
  gezeigt, dass eine Einführung hier nur schrittweise möglich ist. Ange-
  fangen von einzelnen Inselprojekten, über die Ausrüstung der Kredit-
  und Bankkarten mit der nötigen Technologie, werden größere Unternehmen überzeugt in die Bezahlsysteme zu investieren und ihre Akzeptanzstellen mit den nötigen Terminals auszurüsten.

2. Kundenvertrauen
   Bezugnehmend auf einige Studien gibt es derzeit nur wenige potentielle Anbieter,
   die ein hohes Vertrauen der Kunden hinsichtlich Zahlungssicherheit und Datenschutz genießen. Das Kundenvertrauen ist zwar ein klassischer Erfolgsfaktor, da
   das Vertrauen eine Grundvoraussetzung für die Kundenakzeptanz darstellt, dennoch lässt sich das Vertrauen der Kunden, gerade in einem sensiblen Bereich wie
   den persönlichen Finanzen, nicht über Nacht generieren. Das amerikanische Unternehmen PayPal hat gezeigt, dass dies eine sehr lange Zeit in Anspruch nimmt.
   Daher haben hier vor allem Finanzinstitute einen klaren Wettbewerbsvorteil.[152]

3. Kundenakzeptanz
   Kundenvertrauen alleine reicht nicht aus, um die Akzeptanz der Kunden zu erreichen. Um Konsumenten von einer Bezahllösung zu überzeugen, muss dessen Akzeptanz für diese neue Lösung erhöht werden. Hierfür müssen die Anforderungen
   der Personen berücksichtigt und erfüllt werden.

   - Kostenfaktor
     Um die Akzeptanz der Konsumenten für ein neues Bezahlsystem zu er-
     reichen ist es essentiell, dass dieser Service, gerade in der kritischen
     Anfangsphase, für diesen kostenlos ist. Konsumenten sind nicht bereit,
     für ein neues Bezahlverfahren Mehrkosten in Kauf zu nehmen. Gleich-
     ermaßen ist es wichtig, die Gebühren für Akzeptanzstellen den bereits
     existierenden Gebührenmodellen für bargeldlose Bezahlungen anzu-
     gleichen.[153]

   - Marketing Komponente
     Studien haben nachgewiesen, dass Mobile Payment an POS in Europa
     weitgehend unbekannt ist. Ebenso erfordert Proximity Mobile Payment
     hinsichtlich Datenschutz und Sicherheit einiges an Aufklärungsarbeit.

---

[152] Vgl. KPMG-Studie, 2011
[153] Vgl. Steinbeis-Research, 2012

Somit sind seitens der Anbieter groß angelegte Marketingaktivitäten ebenso essentiell, um den Bekanntheitsgrad und die Kundenakzeptanz zu steigern.

4. Verfügbarkeit der Technologie
    Die Nutzung eines neuen Bezahlverfahrens impliziert gleichzeitig die Verfügbarkeit der notwendigen Technologie, in Form von Hard- und Software. Obwohl der NFC-Technologie hier das meiste Potential zugesprochen wird, sich am Markt des Proximity Mobile Payment durchzusetzten, sind derzeit kundenseitig kaum mobile Endgeräte am Markt, die mit NFC-Technologie ausgestattet sind. Zum Teil wird dies durch die Finanzindustrie und den MNOs mit dem Einsatz von passiven NFC-Chips kompensiert. Aber auch in dieser Phase hat die Technologie mit einigen Problemen und Unsicherheiten seitens der Verbraucher zu kämpfen. Diese sollten weitgehend behoben werden, um so nachfolgend die Akzeptanz der NFC-tauglichen Mobiltelefone zu sichern.

5. Marktstärke
    Um in einem so komplexen Bereich wie dem Proximity Mobile Payment erfolgreich zu sein, erfordert dies eine gewisse allgemeine Marktstärke. Hier haben Unternehmen wie MasterCard, VISA, PayPal und Google sicherlich einen Vorteil, da sie durch ihre Präsenz im Zahlungsverkehr, bzw. bei technologischen Lösungen, ein Grundvertrauen in den Konsumenten auslösen. Hinzu kommen seitens der Finanzinstitute, die bestehende Zahlungsinfrastruktur und seitens der Technologieunternehmen ein hohes technologisches Know-How und die nötigen monetären Mittel.

6. Standardisierung
    Wie das „Open Alliance" Modell zeigt, ist eine standardisierte Plattform, auf dessen Basis die einzelnen Marktteilnehmer Lösungen entwickeln können, eine wichtige Komponente hinsichtlich Wettbewerbsfähigkeit und Innovationsentwicklung. Entstehen am Markt zahlreiche proprietäre Lösungen, werden Kooperationen und Partnerschaften erheblich komplexer. Eine Standardisierung in den Transaktionsprozessen, APIs, Zahlungsabläufen und Technologien ermöglicht wertschöpfende Kollaborationen und bedeutet gleichzeitig eine erhöhte Sicherheit und einen erhöhten Nutzen für Kunden und Händler.[154]

7. Fokus auf Kollaborationen
    Der Vergleich der einzelnen Geschäftsmodelle hat gezeigt, dass Kollaborationen im Mobile Payment hinsichtlich Risikoverteilung, Kernkompetenzen, Kundennutzen und europaweitem Einsatz, klar im Vorteil zu anderen Modellen sind. Dennoch

---

[154] Vgl. Contius et al., 2002, S. 70

sind derzeit kaum Kollaborationsmodelle am europäischen Markt vertreten. Erst durch Standardisierungen, Regulierungen und offene Standards, können hier Partnerschaften und Kooperationen zu Kollaborationen weiterentwickelt werden.[155]

5.3 Produktseitige Erfolgsfaktoren

1. Added Value

   Obwohl sich die Art und Weise eines Einkaufs durch eine Proximity Mobile Lösung nicht verkomplizieren sollte, müssen den Konsumenten dennoch ein zusätzlicher Nutzen zum Zahlungsverfahren geboten werden. Der Trend wird sich dahingehend entwickeln, dass neben dem herkömmlichen Zahlungsprozess, eine Vielzahl an zusätzlichen Funktionen in der mobilen Applikation bereitgestellt wird. Dies kann von der Funktion einer C2C Transaktion, über Integration von Coupons und Bonuskarten, bis hin zur digitalen Rechnung, alles sein.[156]

2. Berücksichtigung des Datenschutzes

   Der Datenschutz ist für Konsumenten eine der wichtigsten Faktoren im Rahmen einer mobilen Bezahllösung. Dies steht aber in Konflikt mit dem Einsatz von Couponing- und Loyalty Programmen der Händler und Provider. Wichtig ist hier, den Kunden selbst entscheiden zu lassen inwieweit er seine Daten schützen möchte und ob er diesen Schutz zu Gunsten der Verwendung diverser Bonuskarten oder Rabatte aufgeben will.[157]

3. Beibehaltung der Zahlungsgewohnheiten

   Viele der in dieser Arbeit vorgestellten mobilen Payment-Lösungen im Offline-Handel weichen erheblich von den derzeit üblichen Bezahlverfahren ab (Check-in, QR-Code-Scan,…). Diese Lösungen vermitteln zwar eine gewisse User-Experience, verlangsamen aber den Kaufprozess und veranlassen den Kunden dazu, eine neue „Bezahlmethodik" zu erlernen.[158] Das Ziel einer Proximity Mobile Payment Lösung sollte jedoch einen möglichst geringen Lernaufwand für den Konsumenten darstellen, eine flache Lernkurve steigert hier die Nutzeranzahl.

4. One Stop Shop Solution

   Dem Konsumenten soll der Zugang zu einem mobilen Zahlungssystem so einfach wie möglich realisiert werden. Aus diesem Grund sollte es möglich sein, mit der geringstmögliche Anzahl an mobilen Applikationen, die größtmögliche Nutzungs-

---

[155] Vgl. Pousttchi, 2003b, S.209
[156] Vgl. Tsukahara, CMO Clairmail, 2012
[157] Vgl. Himmelreich, Fachgruppe e-commerce BVDW, 2013
[158] Vgl. Himmelreich, Fachgruppe e-commerce BVDW, 2013

reichweite an den POS zu erreichen. Im Idealfall kann der Konsument mit einer einzigen App sämtliche Konten, Bonuskarten und etwaige Voucher verwalten.

5. Sicherheit – Innovation – UX
    Konsumenten wollen in erster Linie eine sichere Bezahllösung, gleichzeitig soll diese Lösung aber einen gewissen Innovationsfaktor und eine gute User Experience mit sich bringen. Diese drei Faktoren sollten sich wenn möglich ausgleichen. Weder darf die Sicherheit zu Lasten von Innovation und User Experience gehen, ebenso wenig dürfen Innovation und User Experience zu Lasten der Sicherheit gehen.[159]

6. Sicherheit – Usability - Convenience
    Das Bezahlverfahren und die dazugehörige Lösung, in Form einer Applikation, sollten möglichst schnell und einfach zu bedienen sein. Der Bezahlprozess muss mit so wenigen Schritten wie möglich ablaufen, gleichzeitig dürfen aber Sicherheitsfaktoren wie Autorisierung oder Bestätigung nicht benachteiligt werden. Ebenso sollten Einschränkungen bei Datenverbindungen oder Mobilfunknetzen die Schnelligkeit und Sicherheit eines Bezahlprozesses nicht beeinflussen.[160]

7. Vermeidung von Systembrüchen
    Systembrüche in mobilen Zahlverfahren machen das Gesamtsystem komplexer. In geschlossenen Zahlungssystemen, wie bei einigen 3rd-Party-Lösungen, spielt dies weniger eine Rolle. Bei einem großflächigen Einsatz einer Proximity Mobile Payment-Lösung ist der Einsatz von offenen und standardisierten APIs notwendig, um Inkonsistenten zu vermeiden und eine Einbindung von Kooperations- und Kollaborationspartnern zu vereinfachen.

    Verwenden Händler beispielsweise mehrere Terminals von verschiedenen Anbietern, so ist er hier mit unterschiedlichen Arten der Abrechnung, Technologien, und Voraussetzungen konfrontiert. Ein Beispiel dafür ist der italienische Markt, hier haben Händler oft bis zu 6 verschiedene Bezahlterminals am POS, damit wird auch die Bezahlung für den Konsumenten selbst unübersichtlich und ergibt sogar eventuelle Einschränkungen in der Sicherheit, sollten einzelne dieser Terminals auf derselben Technologie basieren.[161]

Verglichen mit den Erfolgsfaktoren von Henkel, erkennt man, dass sich sehr viele der einzelnen Punkte decken:

---

[159] Vgl. Anthemis & Ixaris Studie, 2013
[160] Vgl. Hawkett, VISA Senior VP Europe, 2013
[161] Vgl. Bierbaumer, Arbeitskreis NFC, WKO, 2013

Marktseitige Erfolgsfaktoren	Produktseitige Erfolgsfaktoren
- kritische Masse (indirekt. Netzwerkeffekt) - first mover advantages - second mover advantages - Markterwartungen[10] - Marketing - Marktmacht - Reputation - Kundenkontakte - Standardisierung - niedriger Preis - niedriges Disagio - Kosteneffizienz	- schneller und einfacher Einstieg - einfache Benutzung - geringe technische Voraussetzungen[11] - Flexibilität - Aufbau auf bestehenden Verfahren - umfangreicher Service - Anzahl Anwendungen - Zahlungssicherheit - einfache Einbindung

Abbildung 19: Erfolgsfaktoren von Mobile Payment [162]

Man erkennt, dass sich hinsichtlich der Anforderungen und Erfolgsfaktoren an ein neues Bezahlsystem in 12 Jahren kaum Veränderungen ergeben haben. Dennoch gelang es in diesen 12 Jahren keinem Anbieter, sich am Offline-Markt flächendeckend zu etablieren.

Viele der damals existierenden Schwierigkeiten sind nun passé. Die Mobilfunknetze sind schnell und ausgebaut, technologische Standards wurden definiert und Technologien Massenmarkt-tauglich gemacht. Auch die Entwicklung der Smartphones hat dazu beigetragen, dass die Hoffnung auf eine neue Ära des Bezahlens an POS seitens der PSP steigt. Der de-facto Standard NFC und der Wille seitens der Händler und Kooperationspartner sind gegeben.

Nun gilt es, mit gezielten Maßnahmen seitens der Anbieter, den Kunden zu überzeugen. Die Erfolgsfaktoren und eingesetzten Maßnahmen auf dem Weg zur Nutzung einer neuartigen Bezahllösung sind hierbei essentiell und werden schlussendlich einen Gewinner im europäischen Proximity Mobile Payment hervorbringen.[163] [164]

5.4 Potentielle Mobile Payment Anbieter

Der Markt des Proximity Mobile Payment ist derzeit in Europa sehr stark von den Finanzinstituten dominiert. Nachfolgend werden 4 potentielle Anbieter und Kooperationspartner von Proximity Mobile Payment im europäischen Raum vorgestellt:

---

[162] Quelle: Henkel, 2002, S.351
[163] Vgl. Smart Card Alliance Studie, 2011
[164] Vgl. Eisenmann et al., 2004, S.61

	PayPal	Google	MasterCard	VISA
Geschäftsmodell	3rd Party*	Finance Kooperation	Finance	Finance
Eingesetzte Technologien	Cloud, QR-Code	NFC	Vorwiegend NFC, QR-Code	NFC
Einsatzbereich	International	International	International	International
Marktakzeptanz in Europa	Mittel	Niedrig	Hoch	Hoch
Kundenvertrauen	Hoch	Niedrig	Hoch	Hoch
Datenschutz	Niedrig	Niedrig	Hoch	Hoch
Derzeitige Verbreitung**	Niedrig	Niedrig	Mittel	Mittel
Innovationseinsatz	Hoch	Hoch	Mittel	Mittel
Bestehende Offline-Zahlungsinfrastruktur	Mittel	Niedrig	Hoch	Hoch

Tabelle 4: Potentielle Anbieter im Proximity Mobile Payment

5.4.1 PayPal

PayPal, ein amerikanischer Online-Bezahldienst und Ableger des bekannten Online-Auktionshauses eBay, hat über 15 Jahre hinweg eine hohe Anzahl an User lukriert. Mit derzeit über 230 Mio. aktiven Nutzeraccounts, hat das Unternehmen keinen nennenswerten Konkurrenten mit derartiger Marktmacht bei Online-Bezahldiensten.[165] Beginnend als Online-Bezahldienst, hat PayPal seine Strategie weiter ausgebaut und erhielt 2007 vom luxemburgischen Bankeninstitut den Bankenstatus.[166] Die hohe Nutzeranzahl und das damit verbundene Vertrauen seitens der Konsumenten, macht sich PayPal zu Nutze und mischt nun neben dem E- und M-Commerce Geschäft, auch im Offline-Handel mit.

Da PayPal derzeit noch auf Cloud- und QR-Code Technologie setzt, sind zahlreiche Ausprägungen der Bezahlform im stationären Handel im Umlauf. PayPal versucht hier in jedem Segment des Mobile Payments präsent zu sein, was sich als nicht ganz einfach erweist. PayPal hat zwar einige Partner für sich gewinnen können, doch großteils betrifft der Einsatz meist Pilot- und Testprojekte in einem mehr oder weniger kleinen Rahmen und jeweils in einem geschlossenen System und somit limitiert auf einzelne Unternehmen und Filialen. Trotz des vergleichsweise hohen Vertrauens der Konsumenten, schränkt sich PayPal selbst ein, indem die Nutzung der NFC-Technologie bis dato nicht in Betracht gezogen wurde. Dies heißt, dass der potentielle Mitbewerb sich hier einen strategischen Vorteil schaffen kann. PayPal ist zwar in den USA und in Teilen Asiens sehr präsent, in Europa gestaltet sich die Positionierung am Proximity Mobile Payment aber als sehr langwierig und komplex für das Unternehmen.

---

[165] Quelle: PayPal, aktuelle Nutzeraccounts
[166] Vgl. PayPal, Unternehmensbeschreibung
* Obwohl PayPal in Europa eine Banklizenz innehält, wird PayPal dennoch als 3rd Party Anbieter gesehen.
** Bezogen auf den europäischen Raum, im Vergleich zum Wettbewerb.

Würde PayPal die Nutzung der NFC-Technologie in Erwägung ziehen, könnte der Anbieter auch für einige größere Händler und Unternehmen in Europa interessant werden, denn durch die Nutzung des P2P-Netzwerkes ersparen sich die Akzeptanzstellen die hohen Transaktionsgebühren an die Finanzinstitute.[167]

5.4.2 Google

Google hat sich in den letzten Jahren auch am Mobile Payment Sektor sehr erfolgreich positioniert. Grund dafür ist sicherlich die sehr hohe Nutzeranzahl des hauseigenen mobilen Betriebssystems „Android". Google kann damit sicherlich einige Nutzer der 900 Mio. aktiven Smartphones für ihre Mobile Payment Lösung gewinnen.[168] Durch die Nutzung der NFC-Technologie und der Kollaboration mit MasterCard, könnte sich das Technologieunternehmen gut am europäischen Markt positionieren. Jedoch haben Studien ergeben, dass Google und andere große Technologieunternehmen, wie Apple, nur ein vergleichsweise geringes Maß an Vertrauen entgegengebracht wird.[169] Ohne einen starken, aus Kundensicht vertrauensvollen Partner, würde es wohl auch für Google schwierig werden, sich am Markt vorteilhaft zu positionieren.

Derzeit ist Google in Europa noch nicht im Proximity Mobile Payment vertreten. Dennoch plant Google einen baldigen Start am europäischen Markt. Osama Bedier, Vice President von Google Payments meinte hier wörtlich:" Die Partnersuche in Europa gestaltet sich einfacher als in den USA, das bessere Verständnis des Mobile Payment Ökosystems lässt im Gegensatz zu den USA mehr Kooperationen zu."[170] Möglicherweise wäre auch im europäischen Raum eine Kooperation mit MasterCard ein einfacher Weg, um in den europäischen Markt einzusteigen.

5.4.3 MasterCard und VISA

Die beiden größten Kreditkartenunternehmen wollen sich ebenfalls mit Hilfe der NFC-Technologie am Mobile Payment Markt positionieren. Beginnend damit, ihre Kreditkarten (und Maestro Bankkarten) mit NFC-Technologie auszustatten, ist dies der erste Schritt um Mobile Payment marktreif zu machen und eine Konvergenz zwischen Mobile Payment und mobilen Endgeräten zu schaffen. Die derzeitige Kartenlösung ist in ihrer Funktion denkbar einfach: Auf dem NFC-Chip sind die Kreditkartennummer sowie das Ablaufdatum der Karte gespeichert, damit der Datentransfer beschleunigt wird, sind diese Daten unverschlüsselt abgespeichert. Da diese Daten ohnehin sehr einfach herauszufinden sind, scheint seitens der Kreditkartenunternehmen der erhöhte Aufwand einer Verschlüsselung

---

[167] Vgl. Smart Card Alliance Studie, 2008
[168] Vgl. Google I/O 2013 Summary, Zdnet.com, 2013
[169] Vgl. Google, "Google Wallet"
[170] Osama Bedier, President of Google Wallet, 2011

nicht sinnvoll.[171] Doch die NFC bestückten Karten sind nur der Anfang, beide Unternehmen haben bereits zahlreiche Partnerschaften und Kooperationen im Bereich des Proximity Mobile Payment angekündigt und geschlossen. Ebenso bieten beide Unternehmen
ihre eigene Mobile–Wallet Lösung an, genannt „MasterPass" und „v.me".[172] [173] VISA selbst
glaubt, dass bis 2020, 50% ihrer Transaktionen über einen Mobile Payment Kanal laufen
werden.[174] Zwischen Dezember 2012 und März 2013 verzeichnete das Unternehmen einen 43 prozentigen Anstieg der Proximity Mobile Payment Nutzung, auf insgesamt 19
Mio. monatlichen Transaktionen.[175]

Auch Mobilfunkbetreiber wissen um die Wichtigkeit der Kreditkartenunternehmen und
schließen ihrerseits Kooperationen mit diesen. T-Mobile beispielsweise, die selbst eine
Mobile-Payment Lösung auf MNO-Basis betreiben (M-Pass), gingen eine Kooperation mit
MasterCard ein, denn die Infrastruktur der Finanzinstitute ermöglichen ihnen einen welt-
weiten Einsatz ihrer Lösung. Zum Vergleich: Die MNO-zentrierte M-Pass Lösung beschränkt sich auf lediglich 8 Unternehmen und ihre Akzeptanzstellen und selbst hier sind
Defizite zu erkennen, da nicht alle Filialen diese Bezahlart bereitstellen.[176]

VISA hat kürzlich eine Kooperation mit Samsung angekündigt, hierbei kann die „v.me Lösung" direkt mit der Mobile-Wallet Software des Geräteherstellers verbunden werden.
Damit wird zum ersten Mal bei einer Kooperation der Mobilfunkbetreiber ausgeschlossen.
Zeitgleich läuft mit VISA und dem Mobilfunkbetreiber Vodafone eine Kooperation. Wie
schon erwähnt, ist hier abzuwarten wie die MNOs auf jene Art der Kooperation reagieren,
bzw. ob gewisse Gerätehersteller eine derartige Marktmacht haben, um auf den Vertrieb
der MNOs verzichten zu können.[177]

5.4.4 MasterPass

Obwohl der Proximity Mobile Payment Markt sich noch in der Aufbauphase befindet, gestaltet sich der Markt mehr und mehr unübersichtlicher. Kooperationen, Partnerschaften,
zahlreiche Mobile-Wallets und Insellösungen überschwemmen den Markt. Wie aber in
den Erfolgsfaktoren erkennbar, sollte der Konsument in der Lage sein, mit nur einer Anwendung all seine Einkäufe tätigen zu können. Es sollte somit eine durchgängige Lösung
für den gesamten Mobile Payment Bereich geschaffen werden, um am Markt erfolgreich
zu bestehen.[178] Diesen Ansatz geht neuerdings auch MasterCard mit ihrer „MasterPass"

---

[171] Vgl. Büllinger et al., 2012, S.44
[172] Vgl. VISA, "v.me"
[173] Vgl. MasterCard, "MasterPass"
[174] Vgl. Hawkett, VISA Senior VP Europe, 2013
[175] Vgl. Van Schrader, Head of Contactless & NFC, VISA Europe, 2013
[176] Vgl. Weber, t3n.de, 2013
[177] Vgl. Linsenbarth, TARGO IT, 2013
[178] Vgl. Heise.de, Mobile World Congress Report, 2013

Lösung. Das Unternehmen geht sogar noch einen Schritt weiter, es hat sich zum Ziel gesetzt, eine durchgängige, international nutzbare Mobile Payment Lösung zu schaffen, die alle drei Bereiche des Mobile Payments abdecken soll.

MasterCard stellt bei dieser Lösung nicht nur die Mobile-Wallet-Software und den Zugang zu ihrem Payment-Netzwerk her, sondern bietet ebenso eine offene API an, mittels dieser Händler und Partner ihre eigenen Mobile-Wallet Lösungen entwickeln können und damit nahtlos mit dem Payment Netzwerk des Kreditkartenunternehmens zusammenspielt. Im US-amerikanischen Raum macht sich dies beispielsweise das eben schon erwähnte Technologieunternehmen Google zu Nutze. Des Weiteren ist es möglich, durch die Integration mehrerer Technologien (NFC, Cloud- und QR-Code Technologie), mit einer Anwendung, nicht nur bei Präsenzgeschäften, sondern auch bei Distanzgeschäften zu bezahlen.

Es besteht die Möglichkeit, dass künftig mehrere Modelle auf Basis der MasterCard-Google Kooperation entstehen werden. Das Finanzinstitut stellt die API zur Verfügung und Technologie-, sowie Gerätehersteller entwickeln eine passende Wallet-Lösung.[180]
Ein weiterer Schritt zu einer höheren Akzeptanz seitens der Kunden und Händler wäre die Integration der Maestro-Funktion, dadurch würde den Konsumenten ein direkter Zugriff auf das Girokonto ermöglicht werden und der Handel profitiert dabei von einer geringeren Entgeltstruktur, da Zahlungen mittels Bank/Maestro-Karten für diese günstiger sind als die Akzeptanz von Bargeld.[181] Dadurch wäre es erstmals möglich eine Konvergenz zwischen E-Commerce, M-Commerce und dem stationären Handel zu schaffen.

---

[179] Quelle: MasterCard, "MasterPass"
[180] Vgl. Anthemis & Ixaris Studie, 2013
[181] Vgl. Steinbeis-Research, 2012

6   Fazit und Ausblick

Aus heutiger Sicht lässt sich behaupten, dass Proximity Mobile Payment das Potential besitzt, sich als neue Stufe in der Evolution der Bezahlmethoden zu etablieren. Die großen Anbieter sehen dies ähnlich und beginnen sich nach und nach strategisch zu positionieren. Ihrer Meinung nach ist es wohl nur noch eine Frage der Zeit, bis Proximity Mobile Payment einen großen Teil der bisherigen Bezahlmethoden substituieren wird.[182]

Neben 3rd Party Anbietern und Mobilfunkbetreibern, veranlasst dies gerade Finanzinstitute dazu, vermehrt in Proximity Mobile Payment zu investieren, da hier neben dem klassischen Remote Mobile Payment, nun auch im Offline-Bereich bankenfremde Anbieter in das Kerngeschäft der Finanzinstitute eindringen. Die großen Vorteile seitens der Finanzinstitute sind die schon bestehende, globale Zahlungsinfrastruktur und das hohe Grundvertrauen, das ihnen von den Verbrauchern entgegengebracht wird. Im Zuge dieser Arbeit hat sich gezeigt, dass sich Finanzinstitute damit einen klaren Wettbewerbsvorteil zu MNOs und 3rd Party Anbietern geschaffen haben.[183]

Dennoch ist ein hohes Vertrauen der Konsumenten nicht das alleinige Kriterium für eine hohe Akzeptanz seitens der Konsumenten. Vielmehr hat sich gezeigt, dass Faktoren wie Datenschutz, Sicherheit, Usability oder Marktgegebenheiten ebenso wichtige Erfolgsfaktoren bei der Einführung einer Proximity Mobile Payment Lösung darstellen. Gleichzeitig erhoffen sich Anbieter und Händler aus der Einführung dieses Bezahlsystems erstmals, umfassende Ansätze für Kundenbindung und Marketing anzuwenden, immerhin können hier äußerst präzise, anhand von Kundenanalysen, Marketingaktivitäten gesetzt werden.

Einige Payment Service Provider haben sich zum Ziel gesetzt, den gesamten Bereich des elektronischen Payments in einer Anwendung zu vereinen. Hier sind die ersten Ansätze vorhanden, um eine One-Stop-Shop Lösung für E- und M-Commerce zu bieten und gleichzeitig eine Konvergenz zu Präsenzgeschäften zu schaffen. Das würde sich positiv auf die Kundenakzeptanz und Convenience auswirken. Zusätzlich ist es dadurch möglich, die Lernkurve der Konsumenten niedrig zu halten, sie haben die Möglichkeit mit nur einer Anwendung alle Zahlungsaktivitäten zu steuern.

Sollte sich dieser Ansatz durchsetzen, so wird die Grenze zwischen der Online- und der Offline-Welt immer mehr verschwimmen, die Konsumenten werden Zahlungen über ihr Smartphone, ihr Tablet, oder ihr Notebook abwickeln können und dennoch nur eine Anwendung dafür benötigen. Für die Realisierung eines solchen Multi-Channel-Systems ist

---

[182] Vgl. Büllinger et al., 2012 S.11
[183] Vgl. Openshaw, Shniderman, Financial Times, 2013

es jedoch notwendig, die Bedürfnisse der Verbraucher zu erkennen und dahingehend die richtigen Maßnahmen zu setzen, seitens der Anbieter ist hier noch sehr viel Potential nach oben offen.[184]

Eine allumfassende Mobile Payment Lösung setzt ebenso eine enge Zusammenarbeit zwischen den betroffenen Marktteilnehmern voraus, denn nur so lassen sich die jeweiligen Kernkompetenzen optimal nutzen. Auch wenn sich im derzeitigen Anfangsstadium des Proximity Mobile Payment, der Fokus eher auf Finance-Modelle konzentriert, so wird erwartet, dass sich mittel- und langfristig einige Kollaborationsmodelle am Markt durchsetzen werden. Interoperabilität, so die Meinung einiger Analysten, wird hier der Schlüssel zum Erfolg sein, dies erfordert aber ebenso ein hohes Maß an Kollaboration entlang der gesamten Mobile Payment Wertschöpfungskette.[185]

Gegenwärtig steht Proximity Mobile Payment in Europa aber noch vor einigen Hürden. Fehlende Kollaborationen und Standardisierungen sind Gründe dafür, dass sich der europäische Markt wegen zahlreicher Anbieter und Insellösungen zunehmend komplexer gestaltet. Auch wenn hinter den meisten Anbietern ein Finanzinstitut steht, sind die Verbraucher mehr und mehr verunsichert. Das fehlende Vertrauen in die Sicherheit der eingesetzten Technologien lassen gleichzeitig das Vertrauen in das gesamte Mobile Payment Ökosystem schwinden. Um dem entgegenzuwirken, erfordert dies eine umfassende Aufklärungsarbeit seitens der Anbieter.

Dieser Informationsrückstand wurde bislang ignoriert, obwohl die Verbraucher grundsätzlich eine sehr hohe Bereitschaft zeigen, Proximity Mobile Payment zu nutzen.[186] Möglicherweise liegt das daran, dass sich die Anbieter erst strategisch positionieren wollen und Partnerschaften mit den Händler eingehen, um dadurch ein weit gefächertes Angebot an Akzeptanzstellen bereitzustellen, bevor die Verbraucher umfassend über die neuen Lösungen und deren Merkmale und Funktionen informiert werden.

Fraglich ist ebenso, welches Zahlungsmittel Proximity Mobile Payment künftig substituieren wird. Derzeit werden trotz der hohen Akzeptanz und Verbreitung von bargeldlosen Zahlungsmöglichkeiten, wie Debit- oder Kreditkarte, immer noch 70-80% der Transaktionen in Geschäften in bar getätigt.[187]

Substituiert nun Mobile Payment die Gruppe der derzeitig bargeldlosen Zahlungsmöglichkeiten, kannibalisieren sich die Finanzinstitute zum Teil selbst. Berücksichtigt man die

[184] Vgl. Hawkett, VISA Senior VP Europe, 2013
[185] Vgl. Mobey Forum, 2011
[186] Vgl. KPMG & ECC Studie, 2010
[187] Vgl. EZB, 2013

getätigten Investitionen in diesem Bereich, so ist es fraglich, ob diese den Wert der Kundendaten, die sie dadurch bekommen, aufwägen. Ein langfristiges Ziel der Finanzinstitute und auch des Handels sollte somit die Adressierung der Bargeldnutzer sein.

Welche Modelle sich am Markt nun wirklich durchsetzen werden und welcher Anbieter die richtigen Maßnahmen setzt, um ein flächendeckendes, mobiles Bezahlsystem in Europa erfolgreich zu etablieren, kann nicht mit Gewissheit gesagt werden. Letztendlich entscheidet aber der Konsument, welches Bezahlsystem er verwenden wird.[188]

---

[188] Vgl. wi-mobile Research, 2012

7 Literaturverzeichnis

Monographien, Bücher und Sammelbände

Anderloni L., Llewellyn D.: „Financial Innovation in Retail and Corporate Banking", 2009

Henkel, Joachim: „Mobile Payment", in: „Mobile Commerce", 2002

Kaymaz, Feyyat: „User-Anonymität in Mobile Payment Systemen", 2011

King, Brett: "Bank 3.0: Why Banking Is No Longer Somewhere You Go But Somewhere You Do", 2012

Lammer, Thomas: „Handbuch E-Money, E-Payment & M-Payment", 2007

Lerner, Thomas: "Mobile Payment – Technologien, Strategien, Trends und Fallstudien", 2013

Meier A., Stormer H.: „eBusiness & eCommerce – Management der digitalen Wertschöpfungskette", 2008

OECD (Organisation for Economic Co-operation and Development): „The Role of Internet Intermediaries in Advancing Public Policy Objectives", 2011

Schoder, Detlef: „Erfolg und Mißerfolg telematischer Innovationen", 1995

Turowski K., Pousttchi K.: „Mobile Commerce: Grundlagen und Techniken", 2004

Talke, Katrin: „Einführung von Innovationen: Marktorientierte strategische und operative Aktivitäten als kritische Erfolgsfaktoren", 2005

Van Tilborg H., Jajodia S.: „Encyclopedia of Cryptography and Security", 2011

Fachartikel und Journale

Cooper, Lee: „Strategic Marketing Planning for Radically New Products", in: Journal of Marketing, Volume 64, Nr.1, S. 1-17, 2000, http://www.anderson.ucla.edu/faculty/lee.cooper/Pubs/SMPRNP.pdf [heruntergeladen am 30.05.2013]

Contius R., Martignoni R.: „Mobile Payment im Spannungsfeld von Ungewissheit und Notwendigkeit", in BFS Finance, Universität Hamburg, 2002

Eisenmann M., Linck K., Pousttchi K.: „Nutzungsszenarien für Mobile Bezahlverfahren" Universität Augsburg, 2004

Hassenzahl M., Eckoldt K., Thielsch M.: „User Experience und Experience Design - Konzepte und Herausforderungen", in Usability Professionals 2009, Universität Folkwang, 2009

Pousttchi, Key: "Akzeptanzkriterien für mobile Bezahlverfahren", Universität Augsburg, 2003a

Pousttchi, Key: „Conditions for acceptance and usage of mobile payment procedures", 2003, Universität Augsburg, 2003b

Pousttchi, Key: „An Analysis of the Mobile Payment Problem in Europe", Universität Augsburg, 2004

Pousttchi K., Wiedemann G.: "Changing of mobile services by mobile payment reference model", Universität Augsburg, 2005

Zerfos, Petros: „A Study of the Short Message Service of a Nationwide Cellular Network, 2006 in: 6th ACM SIGCOMM conference on Internet measurement, S. 263-268, http://metro.cs.ucla.edu/papers/Zerfos.IMC06.pdf   [heruntergeladen   am 02.04.2013]

Studien

Anthemis & Ixaris Studie: "The Payment Innovation Jury Report 2013", 2013, https://www.ixaris.com/node/135/download/47769fb3d6d66bf4a2ecf29e048c0e25 [heruntergeladen am 29.05.2013]

BITKOM   Stellungnahme: "Positionspapier   Mobile   Payments",   2013, http://www.bitkom.org/files/documents/Positionspapier_Mobile_Payments.pdf [heruntergeladen am 10.04.2013]

Büllinger F., Peter S., Verbraucherzentrale Bundesverband Studie: „Mobile Commerce via Smartphone & Co: Analyse und Prognose des zukünftigen Marktes aus Nutzerperspektive", 2012, http://www.wik.org/uploads/media/WIK_mobile-commerce-studie-vzbv-2012.pdf [heruntergeladen am 08.05.2013]

Cisco Studie: „Global E-Commerce Advanced Multichannel Expectations in Highly Developed Markets", 2011, http://www.cisco.com/web/about/ac79/docs/retail/Global-E-Commerce_Multichannel.pdf [heruntergeladen am 22.10.2012]

Cisco Studie: „Global Mobile Data Traffic Forecast Update, 2012–2017", 2012, http://www.cisco.com/en/US/solutions/collateral/ns341/ns525/ns537/ns705/ns827/white_paper_c11-520862.pdf [heruntergeladen am 07.04.2013]

Deutsche Bank Research Studie: "The future of (mobile) payments: New (online) players competing   with   banks",   2012, http://www.dbresearch.com/PROD/DBR_INTERNET_EN-PROD/PROD0000000000298950/The+future+of+(mobile)+payments%3A+New+(online)+players+competing+with+banks.PDF [heruntergeladen am 24.04.2013]

EMarketer Studie: "Proximity Mobile Payments Set to Explode in US", 2012, http://www.emarketer.com/newsroom/index.php/emarketer-proximity-mobile-payments-set-explode/ [Zugriff am 10.04.2013]

European Commission Green Paper: "Towards an integrated European market for card, internet and mobile payments", 2012, http://eur-lex.europa.eu/LexUriServ/LexUriServ.do?uri=COM:2011:0941:FIN:EN:PDF [heruntergeladen am 29.05.2013]

Federal Reserve Bank of Boston: "Mobile Phone: The New Way to Pay?" 2007, http://www.bostonfed.org/economic/cprc/publications/briefings/mobilephone.pdf [heruntergeladen am 17.04.2013]

Forrester Research Studie: "US Mobile Payments Forecast 2013 to 2017", 2013, http://www.forrester.com/home#/US+Mobile+Payments+Forecast+2013+To+2017/ quickscan/-/E-RES89161 [Zugriff am 10.04.2013]

Gartner Studie: „Market Share Analysis: Mobile Phones, Worldwide, 4Q12 and 2012", 2012, http://www.gartner.com/DisplayDocument?ref=clientFriendlyUrl&id=2334916 [Zugriff am 07.04.2013]

Gartner Newsroom: "Gartner Says Number of Mobile Payment Users Worldwide to Increase 70 Percent 2009", 2009, http://www.gartner.com/newsroom/id/2028315, [Zugriff am 05.05.2013]

Gartner Newsroom: "Gartner Says Worldwide Mobile Payment Transaction Value to Surpass $ 171.5 Billion", 2012a, http://www.gartner.com/newsroom/id/2028315, [Zugriff am 05.05.2013]

Gartner Newsroom: „Gartner's 2012 Hype Cycle for Emerging Technologies Identifies Tipping Point Technologies That Will Unlock Long Awaited Technology Scenarios", 2012b, http://www.gartner.com/newsroom/id/2124315, [Zugriff am 05.05.2013]

Gartner IT Glossary: http://www.gartner.com/it-glossary/mobile-payment/, [Zugriff am 05.05.2013]

Innopay & Paypers Studie: "Mobile Payments 2013: Changing checkout", 2013, http://www.innopay.com/publications/mobile-payments-2013-changing-checkout [heruntergeladen am 14.05.2013]

KPMG Studie: „2011 KPMG Mobile Payments Outlook", 2011, http://www.kpmg.com/Global/en/IssuesAndInsights/ArticlesPublications/mobile-payments/Documents/2011-mobile-payments-outlookv2.pdf [heruntergeladen am 11.05.2013]

KPMG & ECC Studie: „Mobile Payment: Anforderungen, Barrieren, Chancen", 2010 http://www.ecckoeln.de/Downloads/Themen/Payment/KPMG_Mobile_Payment_20 10.pdf [heruntergeladen am 16.05.2013]

KPMG Studie: "Mobile payments in Asia Pacific", 2007,
http://www.kpmginsiders.com/pdf/Mobile_payments.pdf [heruntergeladen am
17.05.2013]

Mobile Financial Services (Mobey Forum) Whitepaper: "Business models for NFC payments", 2011, http://www.mobeyforum.org/Knowledge-Center/Press-
Releases/Business-Models-for-NFC-Payments-white-paper [heruntergeladen am
10.04.2013]

Research Center For Financial Services, Steinbeis-Hochschule Berlin Studie: „Mobile
Payment – wohin geht die Reise? – Chancen und Risiken für Marktteilnehmer in
Europa.", 2012, http://www.steinbeis-
research.de/pdf/Zusammenfassung_Mobile_Payment-wohin_geht_die_Reise.pdf
[heruntergeladen am 01.04.2013]

Aité & ACI Studie: "The Global Rise of Smartphonatics: Driving Mobile Payment and
Banking Adoption in de Americas, EMEA, and Asia-Pacific", 2012,
http://www.aciworldwide.com/~/media/Files/Collateral/ACI_Aite_Global_Rise_of_S
martphonatics_0512.ashx [heruntergeladen am 21.05.2013]

Smart Card Alliance Studie: "Proximity Mobile Payments Business Scenarios", 2008,
http://www.smartcardalliance.org/resources/lib/Mobile_Payment_Business_Model_
Research_Report.pdf [heruntergeladen am 17.05.2013]

Smart Card Alliance Studie: The Mobile Payment and NFC Landscape: A U.S. Perspective", 2011,
http://www.smartcardalliance.org/resources/pdf/Mobile_Payments_White_Paper_0
91611.pdf [heruntergeladen am 17.05.2013]

Smart Card Alliance Studie: "EMV and NFC: Complementary Technologies that Deliver
Secure Payments and Value-Added Functionality", 2012,
http://www.smartcardalliance.org/resources/pdf/EMV_and_NFC_WP_102212.pdf
[heruntergeladen am 03.04.2013]

TSYS Whitepaper: "The Future of Payments: Is it in the Cloud or NFC?" 2012,
http://www.tsys.com/Downloads/upload/Future-of-Payments-Cloud-of-NFC-WP-
2.pdf [heruntergeladen am 12.04.2013]

Artikel aus dem Web

Amazon Coins: https://developer.amazon.com/sdk/coins/landing.html [Zugriff am
09.05.2013]

Arthur D Little Research: „NFC wächst übers mobile Bezahlen hinaus", 2012,
http://www.adlittle.ch/pressemeldungen_ch.html?&no_cache=1&view=406 [Zugriff
am 18.04.2013]

Bedier Osama, President of Google Wallet, in: NFC Times Artikel: "Google to Expand Wallet to Europe in 2012; Sees One Wallet per Phone", 2011, http://nfctimes.com/news/google-expand-wallet-europe-2012-rejects-wallet-war-scenario [Zugriff am 07.05.2013]

Berners-Lee, Tim: W3C: Mobile Web Definition, http://www.w3.org/Mobile/ [Zugriff am 17.05.2013]

Bierbaumer Reinhold, WKO Arbeitskreis NFC, in: Futurezone Interview: „NFC: Österreich auf Überholspur", 2013, http://futurezone.at/future/15391-nfc-oesterreich-auf-der-ueberholspur.php, [Zugriff am 29.05.2013]

Cards International: "B2B mobile payment app launched", 2011, http://www.cardsinternational.com/news/b2b-mobile-payment-app-launched [Zugriff am 29.05.2013]

Chambers, Laura: Senior Director PayPal Mobile: Featured Interview in: "2011 KPMG Mobile Payments Outlook", 2011, http://www.kpmg.com/Global/en/IssuesAndInsights/ArticlesPublications/mobile-payments/Documents/2011-mobile-payments-outlookv2.pdf [heruntergeladen am 11.05.2013]

Clay, Kelly: Forbes.com Artikel: "Starbucks Introduces Mobile Payments for Canada and UK", 2012, http://www.forbes.com/sites/kellyclay/2012/07/11/starbucks-introduces-mobile-payments-for-canada-and-uk/ [Zugriff am 03.06.2013]

Denso Wave, QR-Code Beschreibung: http://www.qrcode.com/en/history/ [Zugriff am 14.05.2013]

EBA (European Bank Authority): "The Leading Private Provider of Euro Clearing Services", https://www.ebaclearing.eu/About-EBA-CLEARING-N=EBACLEARING-L=EN.aspx [Zugriff am 07.04.2013]

EG, Europäische Gemeinschaft, Amtsblatt: "Aufnahme, Ausübung und Beaufsichtigung der Tätigkeiten von E-Geld-Instituten", 2004 http://www.fma.gv.at/typo3conf/ext/dam_download/secure.php?u=0&file=2009&t=1 298757718&hash=09672f9d9a13c308582e5553315370ff [heruntergeladen am 27.04.2013]

European Mobile Network Operator (MNO) Directory: http://www.mnodirectory.com/west_europe.htm, 2013, [Zugriff am 06.05.2013]

EZB, Europäische Zentralbank: Zahlungsmittel in Europa, 2013, http://www.ecb.int/press/key/date/2013/html/sp130422.de.html, [Zugriff am 21.05.2013]

Global V Card, B2B Mobile Payment: "What is globalVCard", 2013, https://www.globalvcard.com/virtual_mastercard [Zugriff am 29.05.2013]

Google, Google Wallet Beschreibung: http://www.google.com/wallet/buy-in-store/ [Zugriff am 07.05.2013]

Google I/O 2013 Summary, in: ZDNet Artikel: „Google I/O 2013: „Building better e-commerce experiences on Android", 2013, http://www.zdnet.com/google-io-2013-building-better-e-commerce-experiences-on-android-7000015461/ [Zugriff am 06.05.2013]

Gurrola Daniel, Vice President Orange Mobile, in: Futurezone Interview: „NFC: „Der richtige Zeitpunkt ist gekommen", 2011, http://futurezone.at/future/5152-nfc-der-richtige-zeitpunkt-ist-gekommen.php [Zugriff am 07.05.2013]

Hawkett, Caroline, Senior VP Europe, VISA in: thedrum.com Interview: "Half of Visa's payments will be via mobile by 2020, says Visa Europe VP", 2013, http://www.thedrum.com/news/2013/05/16/half-visa-s-payments-will-be-mobile-2020-says-visa-europe-vp [Zugriff am 29.05.2013]

Heise.de, Mobile World Congress News: "Mobile Payment wird kein Selbstläufer", 2013, http://www.heise.de/mobil/meldung/Mobile-Payment-wird-kein-Selbstlaeufer-1813731.html [Zugriff am 14.04.2013]

Himmelreich, Achim, Vorsitzender Fachgruppe e-commerce BVDW, in: Handelsblatt Interview: „Die Deutschen bevorzugen Rechnungen", 2013, http://www.handelsblatt.com/finanzen/vorsorge-versicherung/ratgeber-hintergrund/interview-die-deutschen-bevorzugen-rechnungen/7264854.html [Zugriff am 29.05.2013]

Linsenbarth Rudolf, Senior Technical Specialist TARGO IT Consulting, in: Mobile-Zeitgeist Artikel: "Mobile Payment Paukenschlag auf dem MWC – Kooperation von Samsung und VISA", 2013, http://www.mobile-zeitgeist.com/2013/03/05/mobile-payment-paukenschlag-auf-dem-mwc-kooperation-von-samsung-und-visa/ [Zugriff am 17.04.2013]

MasterCard   Cloud   Payment: http://www.mastercard.com/hk/personal/en/promotions/2011_collection/GCPC/new sletter/4th/2.html [Zugriff am 07.04.2013]

MasterCard: "MasterPass Funktionsweise", https://masterpass.com/

MasterCard Worldwide Grafik: „The Evolution of Payments", 2010, http://blog.carpathia.ch/2012/07/28/nfc-smartphone-mastercard-maestro/ [heruntergeladen am 01.04.2013]

Mell, Peter: National Institute of Standards and Technologies: "The NIST Definition of Cloud Computing", 2012, http://csrc.nist.gov/publications/nistpubs/800-145/SP800-145.pdf, [heruntergeladen am 11.05.2013]

Narendra Siva, CEO Tyfone, in: Forbes.com: "Mobile Payments: Why the Cloud is More Insecure", 2012, http://www.forbes.com/sites/ciocentral/2012/04/11/mobile-payments-why-the-cloud-life-is-more-insecure/ [Zugriff am 27.04.2013]

Openshaw E., Shniderman B., Deloitte LPP. In: Financial Times Artikel: „Mobile payments on the front burner", 2013, http://www.ft.com/cms/s/0/895f61d0-7ad6-11e2-915b-00144feabdc0.html#axzz2UCxv1KUv [Zugriff am 24.05.2013]

OENB, Österreichische Nationalbank: "Single Euro Payment Area", http://www.oenb.at/de/zahlungsverkehr/Zahlungsverkehrsstrategie/sepa/sepa.jsp# a14-1639551 [Zugriff am 17.04.2013]

Paybox Funktionsbeschreibung: http://www.paybox.at/5981/Privat [Zugriff am 08.05.2013]

PayPal, Unternehmensbeschreibung: https://www.paypal.de/presse/unternehmen/ [Zugriff am 06.05.2013]

PayPal, aktuelle Nutzeraccounts: https://www.paypal.com/cgi-bin/webscr?cmd=_display-country-functionality-outside, [Zugriff am 06.05.2013]

PayPal Pressemitteilung: https://www.paypal.de/presse/unternehmen/, [Zugriff am 06.05.2013]

PayPal Nutzung, Homedepot.com: http://ext.homedepot.com/community/blog/homedepot-com-now-accepts-paypal/ [Zugriff am 04.05.2013]

PayPal In store Checkout: https://www.paypal-promo.com/anywhere/desktop/ [Zugriff am 11.05.2013]

Pay Pal Australia: https://www.paypal.com/au/webapps/mpp/sell-in-person [Zugriff am 11.05.2013]

PayPal, QR-Code Shopping: https://www.paypal.de/qrshopping/ [Zugriff am 14.05.2013]

Qajar Rashid, CEO Telsecure in: FST Europe Interview: „Building a mobile payment model", 2007: http://www.fsteurope.com/article/Building-a-mobile-payment-model/ [Zugriff am 01.05.2013]

Roland M., NFC Research Lab Hagenberg, in: Futurezone Artikel: „Kontaktlos: „Unbeabsichtigte Zahlung möglich", 2013, , http://futurezone.at/digitallife/15997-kontaktlos-unbeabsichtigte-zahlungen-moeglich.php [Zugriff am 25.05.2013]

Starbucks Mobile Payment: http://www.starbucks.com/coffeehouse/mobile-apps/mystarbucks, [Zugriff am 06.05.2013]

Tsukahara, Carl, CMO Clairmail, in: Forbes.com: "The Value of Mobile Payments Is beyond Transaction", 2012, http://www.forbes.com/sites/ciocentral/2012/01/19/the-value-of-mobile-payments-is-beyond-transactions/ [Zugriff am 24.05.2013]

Weber, Jochen: t3n.de: „ Mobile Payment mit NFC: Deutsche Anbieter im Marktüberblick",
2013, http://t3n.de/news/nfc-deutschland-beruhrungslos-438558/ [Zugriff am
04.05.2013]

wi-mobile Research, Universität Augsburg: „Mobile Payment", 2009, www.wi-mobile.de/en/research-topics/mobile-payment.html [Zugriff am 02.05.2013]

wi-mobile Research Whitepaper, Universität Augsburg: "Kartenzahlung im Handel mittels
Mobiltelefon", 2012, http://www.wi-mobile.de/fileadmin/wi-mobile/PDF-Datei-
en/Presse/Whitepaper_Kartenzahlungen_im_Handel_mittels_Mobiltelefon__Septe
mber_2012_.pdf [heruntergeladen am 04.05.2013]

WKO, Wirtschaftskammer Österreich: „Individuell zugeschnittene Bezahllösungen für
Händler in E- und M-Commerce", 2012
http://portal.wko.at/wk/format_detail.wk?angid=1&stid=658071&dstid=224 [Zugriff
am 17.04.2013]

Van Schrader, Anne: Head of Contactless & NFC, VISA Europe, in: trustedreview.com
Interview: "Visa contactless payments in Europe surge 46% in three months",
2013, http://www.trustedreviews.com/news/visa-contactless-payments-in-europe-
surge-46-in-three-months [Zugriff am 29.05.2013]

VISA „ve.me": https://eu.v.me/landing.aspx [Zugriff am 14.05.2013]

www.ingramcontent.com/pod-product-compliance
Lightning Source LLC
LaVergne TN
LVHW092346060326
832902LV00008B/832